AF470262

# INSTRUCTIONS

POUR

# LES INFIRMIERS

DES

## HOPITAUX MILITAIRES.

# METZ.

IMPRIMERIE DE CH. DOSQUET.

1828.

# INSTRUCTIONS



# LES INFIRMIERS.

## CHAPITRE Ier.

### QUALITÉS QUE DOIVENT AVOIR LES INFIRMIERS.

1. D. Quelles sont les principales qualités nécessaires dans un bon Infirmier ?

R. Il faut qu'un Infirmier soit sensible, doux et obligeant.

2. D. Pourquoi ?

R. Parce que, destiné à soulager des hommes souffrans, il faut qu'il compatisse à leurs douleurs, qu'il les traite avec douceur et qu'il ait pour eux beaucoup de complaisance.

3. D. Vous avez raison ; mais ces qualités suffisent-elles ?

R. Non, Monsieur ; elles sont les principales, mais elles ne sont pas les seules.

4. D. Quelles sont donc celles que vous jugez encore nécessaires ?

R. C'est une grande probité, une conduite

bien régulière, une grande prudence, beaucoup de courage, de sang-froid, d'adresse, de docilité et de dévouement.

5. D. Qu'entendez-vous par probité?

R. J'entends par probité, non-seulement la vertu par laquelle tout homme honnête respecte la propriété d'autrui, mais encore cette délicatesse qui lui fait un devoir de prendre les mêmes soins de ce qui appartient aux autres, que de sa propriété même.

6. D. Ne suffit-il pas, pour être probe, de ne pas prendre ce qui appartient aux autres?

R. Non, Monsieur; ne pas prendre le bien d'autrui, c'est simplement ne pas voler; mais être probe, c'est faire le bien pour le bien lui-même, sans aucune vue d'intérêt; c'est remplir ses devoirs avec exactitude, uniquement par conscience.

7. D. Qu'appelez-vous une conduite régulière?

R. Une conduite bien régulière est celle d'un homme attaché à ses devoirs, qui évite tout ce qui peut l'en détourner.

8. D. Quelles sont les choses qui peuvent détourner un homme de ses devoirs?

R. Ce sont les mauvaises sociétés des deux sexes, l'abus de la boisson et le jeu, qui tendent à abrutir l'homme et à ruiner à la fois sa bourse et sa santé.

9. D. Qu'entendez-vous par une grande prudence ?

R. J'entends l'attention que l'on apporte dans tout ce qu'on fait, pour ne rien faire légèrement.

10. D. Comment la prudence est-elle nécessaire aux Infirmiers ?

R. Parce que les fonctions des Infirmiers intéressant directement la vie des hommes confiés à leurs soins, la plus légère imprudence peut avoir des résultats fâcheux.

11. D. Mais les Infirmiers ne font rien sans ordre, ils ne peuvent qu'exécuter ceux qu'on leur donne; pourraient-ils quelquefois les modifier ?

R. Non, Monsieur ; mais l'état de chaque malade pouvant changer d'un moment à l'autre, ils doivent faire attention à tous les changemens qu'ils remarquent, et en rendre compte de suite, ou au Chef du service de santé, ou au Chirurgien de garde.

12. D. Mais en agir autrement serait une négligence, et non une imprudence ?

R. Pardonnez-moi, Monsieur; si je suis exactement pour chaque malade ce qui m'est prescrit, je ne puis pas être accusé de négligence ; mais si , en exécutant ce qui m'est prescrit, je vois dans le malade un changement considérable, si je remarque un accident grave, il peut y avoir quelqu'inconvénient à continuer ce qui a été ordonné, et je crois que la prudence exige que j'en rende compte de suite, afin que M. l'Officier de santé fasse ce qu'il jugera convenable.

13. D. Vous avez raison, et cette conduite est très-prudente ; dites-moi, maintenant, en quoi le courage est nécessaire à un Infirmier ?

R. Il lui est nécessaire pour supporter les fatigues, surmonter les difficultés, vaincre les répugnances et affronter les dangers inséparables de son état.

14. D. En quoi consiste le courage d'un Infirmier ?

R. Il consiste à ne pas se laisser abattre par la fatigue, à redoubler d'efforts en cas de difficultés, à repousser toute espèce de dégoût, et à ne pas craindre le danger.

15. D. Comment peut-on résister à la fatigue, quand les forces sont épuisées ?

R. Si les forces étaient entièrement épuisées, il y aurait impossibilité d'agir ; mais quelque fatigué qu'on soit, ou par le sommeil, ou par le travail, on a toujours assez de forces pour achever le travail commencé, ou pour veiller au moins quelques instans de plus, jusqu'à ce qu'on soit remplacé.

16. D. Que feriez-vous si vous étiez très-fatigué ?

R. Je le ferais remarquer à mes Chefs, et je les prierais de mettre quelqu'un à ma place; mais je ne quitterais jamais avant qu'un autre se fût chargé de faire ce que j'aurais commencé.

17. D. Cela est très-bien; mais je suppose que ce qui vous est prescrit vous paraisse trop difficile : comment feriez-vous ?

R. Il y a deux espèces de difficultés.

18. D. Quelles sont-elles ?

R. La première est de ne savoir comment faire. La seconde est de n'être pas assez fort.

19. D. Dans le cas où vous ne sauriez pas faire ce qu'on a prescrit, quel parti prendriez-vous ?

R. Je prierais alors un de mes camarades les plus expérimentés, ou un de mes Chefs, de m'expliquer ce que je dois faire, même de me le montrer, et je tâcherais de l'exécuter.

20. D. Et dans le second cas ?

R. Je prierais quelqu'un de m'aider; mais, quoiqu'il arrivât, je ferais toujours tout ce qui me serait possible pour exécuter les ordres que je recevrais, quelques difficultés qu'ils présentassent.

21. D. Je conviens que la répugnance est une chose difficile à surmonter; mais ne trouvez-vous pas, dans la satisfaction d'être utile, une compensation suffisante?

R. Oui, Monsieur; quand on a la satisfaction de soulager son semblable, rien ne doit coûter.

22. D. Vous pensez très-bien; d'ailleurs, la répugnance n'est-elle pas une faiblesse qu'il faut chercher à vaincre?

R. Oui, Monsieur, c'est une faiblesse dont on doit rougir, et il n'est point d'état dans lequel on n'ait quelque répugnance à vaincre, sans avoir la satisfaction d'être assez utile pour conserver souvent la vie à quelqu'un.

23. D. Ne pourrait-on pas dire du danger la même chose que de la répugnance?

R. Oui, Monsieur; on peut même dire que le plus grand danger consiste dans la crainte du danger.

24. D. Je le crois comme vous; mais ne voit-on pas beaucoup d'hommes reconnus même comme braves, et qui craignent les hôpitaux?

( 9 )

R. Oui, Monsieur, cela est vrai; c'est un préjugé ancien, mais moins fondé que jamais.

25. D. D'où venait ce préjugé?

R. Il était basé sur la grande mortalité qui régnait dans les hôpitaux.

26. D. Quelle était la cause de cette mortalité?

R. Il y en avait plusieurs, telles que le défaut de précautions pour sanifier les salles, l'entassement des malades, la réunion de deux dans un lit, la parcimonie du linge, et généralement l'insouciance des Infirmiers, qui, étant mal nourris, mal vêtus, mal traités, n'avaient aucun motif d'encouragement, ni même l'espoir d'être conservés, puisque la sortie de douze malades entraînait la réforme de l'un d'entr'eux.

27. D. Vous pensez donc que les Infirmiers, en faisant bien leur service, peuvent contribuer à diminuer la mortalité?

R. Oui, Monsieur : je suis convaincu que le zèle et le dévouement des Infirmiers doivent diminuer, non-seulement la mortalité parmi les malades, mais encore le danger du séjour dans les hôpitaux.

28. D. La profession d'Infirmier ne serait donc pas plus dangereuse que toute autre?

R. Non, Monsieur ; on peut même dire qu'elle l'est moins.

29. D. Comment cela ?

R. Parce qu'il dépend de l'Infirmier de rendre, par son travail, par son exactitude et par sa fidélité à remplir ses devoirs, le séjour des hôpitaux aussi sain que tout autre, tandis que les précautions les plus grandes ne garantissent pas toujours les ouvriers des bâtimens d'une chute, ceux des ateliers, d'un accident, et généralement tout le monde, d'une catastrophe imprévue.

30. D. Le service des armées ne présente-t-il pas quelque danger plus réel ?

R. Il ne présente pas plus de danger pour les Infirmiers que pour les **autres militaires**.

31. D. Mais les autres militaires sont combattans, et les Infirmiers ne le sont pas ?

R. Non, Monsieur ; mais notre position est la même que celle des soldats du train des divers équipages de l'armée, et nous avons sur eux l'avantage d'arracher à la mort les blessés, qui, sans nous, pourraient être victimes de nouvelles blessures ou périraient à défaut de secours.

32. D. Votre réponse est juste ; l'humanité, d'accord chez vous avec l'honneur,

vous récompense par une satisfaction intérieure qui double votre courage; mais croyez-vous que vous ne puissiez pas aussi faire usage de vos armes ?

R. Non, Monsieur ; nos armes ne nous sont remises que pour défendre les blessés confiés à nos soins, en cas qu'une ambulance ou un convoi soit attaqué.

33. D. Est-ce dans ce seul cas que vous devez faire usage de vos armes ?

R. Oui, Monsieur ; en toute autre occasion, nous manquerions à nos devoirs, puisque nous ne devons faire autre chose sur le champ de bataille, que relever les blessés, aider à leur pansement, et les conduire ou porter à l'ambulance.

34. D. C'est dans ce cas qu'il faut beaucoup de sang-froid ?

R. Le sang-froid est toujours nécessaire à un Infirmier ; car tout ce qu'il doit faire exige de la réflexion et beaucoup de calme, quelque difficile ou dangereuse que soit la situation dans laquelle il se trouve.

35. D. Vous avez dit que l'adresse était une qualité nécessaire à un bon Infirmier : dites-moi ce que vous entendez par là ?

R. J'entends par adresse une souplesse de corps et une dextérité telles, que l'on puisse faire sans se fatiguer, ce que d'autres ne font qu'avec beaucoup d'efforts.

36. **D.** L'adresse n'est donc utile que pour vous-mêmes ?

**R.** Non, Monsieur ; elle est sur-tout utile aux malades, que la maladresse fatigue ou incommode presque toujours, tandis qu'un homme adroit les remue, les change de position et les transporte sans qu'ils en souffrent, ou au moins en leur épargnant beaucoup de souffrances.

37. **D.** Qu'entendez-vous par docilité ?

**R.** J'appelle docilité cette souplesse de caractère qui nous porte à faire toujours de bonne grâce tout ce qui nous est prescrit.

38. **D.** Quels sont les avantages de la docilité ?

**R.** Ses avantages sont de rendre l'obéissance facile pour soi-même et agréable aux autres.

39. **D.** Comment la docilité rend-elle l'obéissance facile ?

**R.** Parce que l'homme docile est constamment prêt à obéir ; il en sent le besoin, et toujours convaincu que ce qu'on lui commande est utile ou nécessaire, il s'empresse de le faire.

40. D. Comment la docilité rend-elle l'o-
béissance agréable aux autres ?

R. Parce que celui qui obéit avec empres-
sement s'acquitte mieux de ce qu'il fait que
celui qui n'obéit qu'à regret, et mérite par
là des éloges qui sont agréables à donner,
tandis que les reproches répugnent toujours
à ceux qui sont forcés de les faire.

41. D. Qu'entendez-vous par dévouement ?

R. J'entends par là l'élan qui nous porte
à remplir nos devoirs, quoi qu'il en puisse
arriver.

42. D. Mais vous avez dit qu'il fallait
qu'un Infirmier fût prudent et ne fît rien
sans réfléchir ?

R. Oui, Monsieur, cela est vrai et cela
doit être dans le cours ordinaire des choses;
mais si, voyant un homme en danger, je
perdais mon temps à réfléchir, je ne serais
plus prudent, je serais un lâche.

43. D. Très-bien : vous comprenez parfaitement que la prudence n'exclut pas le
dévouement, et je vous prie de me l'expliquer ?

R. La prudence doit être la véritable règle
de conduite de l'homme dans l'exercice de
ses fonctions et dans les temps ordinaires,

car elle suffit alors; mais dans les cas graves,
il faut du dévouement.

— Vous avez raison : le dévouement n'est
nécessaire que dans des circonstances graves,
heureusement très-rares; mais quand elles se
rencontrent, il est du devoir de l'homme
d'honneur d'en profiter : l'Infirmier doit être
l'homme d'honneur par excellence; entièrement consacré à soulager ses camarades souffrans, il doit être au-dessus de toutes les faiblesses; il se signale sans cesse par ce courage froid et calme, qui a bien plus de mérite
que cette valeur impétueuse qui séduit d'a-
bord, mais dont les succès coûtent bien du
sang et des larmes, tandis que tout ce qu'il
fait console l'humanité et porte le caractère
de la bienfaisance : elle est sa vertu habi-
tuelle, dont la gloire est bien réelle et bien
douce; néanmoins, dans l'occasion, il sait
se sacrifier, et son dévouement a toujours
pour but le salut des hommes.

# CHAPITRE II.

## Devoirs généraux.

1. **D.** Quels sont les devoirs des Infirmiers ?

**R.** Ils sont de différentes espèces, et se partagent naturellement en trois.

2. **D.** Quelles sont ces trois espèces de devoirs ?

**R.** Ce sont, 1° les devoirs envers les malades; 2° ceux envers leurs chefs; 3° enfin, ceux qu'ils ont à remplir entr'eux et envers eux-mêmes.

3. **D.** En quoi consistent les devoirs des Infirmiers envers les malades ?

**R.** Ils consistent, 1° à exécuter ponctuellement, envers eux, toutes les prescriptions de MM. les Officiers de santé; 2° à entretenir une grande propreté sur eux, dans leurs lits, dans leurs salles et dans tous les endroits consacrés au service; 3° à leur donner tous les soins que leur état exige.

4. **D.** Si les malades sont injustes, malhonnêtes ou grossiers avec les Infirmiers, ceux-ci leur doivent-ils toujours les mêmes soins ?

R. Oui, Monsieur, les Infirmiers leur doivent toujours les mêmes égards; jamais ils ne doivent se rendre justice eux-mêmes, mais ils doivent se plaindre à leurs Chefs.

5. D. Y aurait-il en eux quelque mérite ou quelque générosité à ne pas se plaindre des torts que pourraient avoir les malades ?

R. Il faut ici distinguer si les torts des malades sont involontaires, s'ils sont l'effet ou la suite de leur état de maladie, ou s'ils sont le résultat d'un mauvais caractère.

6. D. Dans le cas où les torts des malades seraient involontaires, quel est le devoir des Infirmiers ?

R. Les Infirmiers ne doivent que les plaindre, et penser que, dans pareille circonstance, ils seraient bien aises qu'on leur pardonnât des torts dont la raison n'est pas complice.

7. D. Quel est leur devoir dans le second cas ?

R. Dans celui-ci ils doivent se plaindre, parce que leur silence pourrait autoriser quelques mauvais sujets à se conduire plus mal envers eux ou envers leurs camarades.

8. D. Les Infirmiers ont-ils quelqu'autorité sur les malades ?

R. Non, Monsieur : ils n'ont d'autre autorité à exercer que celle de la persuasion, c'est-à-dire qu'ils doivent conseiller aux malades de faire tout ce qui leur est prescrit dans l'intérêt de leur santé; ils doivent les engager à ne rien salir ni dégrader, à ne point faire de bruit, et à se conformer aux règles et à la discipline de l'établissement.

9. D. Mais si les Infirmiers n'ont pas quelqu'autorité sur les malades, comment en obtiendront-ils tout cela?

R. Les Infirmiers qui remplissent bien leurs devoirs, obtiendront nécessairement quelque reconnaissance de la part des malades, et, par suite, une certaine influence qui les accoutumera à faire tout ce que les premiers leur recommanderont dans leur intérêt et dans celui de leurs camarades.

10. D. Croyez-vous donc ces recommandations suffisantes?

R. La douceur et la persuasion sont bien puissantes; elles doivent suffire auprès de la plupart des malades; mais si elles ne réussissent pas chez tous, les Infirmiers doivent avoir recours à leurs Chefs.

11. D. Mais ne craignez-vous pas que les plaintes portées par les Infirmiers sur les malades n'aigrissent ces derniers et ne leur fassent prendre en haine les Infirmiers?

R. Cela n'est point à craindre, si, après avoir fait tout ce qui leur est possible, après avoir prouvé aux malades que leur intérêt exige ce qu'on leur demande, les Infirmiers les préviennent qu'ils sont forcés, par leur devoir, à en rendre compte à leurs Chefs.

12. D. Je le crois; mais ne faut-il pas pour cela quelques précautions?

R. Oui, Monsieur; il faut que toutes ces tentatives soient faites avec beaucoup de douceur et de patience.

13. D. La douceur et la patience doivent être bien nécessaires aux Infirmiers.

R. Oui, Monsieur : c'est par la douceur qu'on rend ses services plus agréables à ceux qui les reçoivent; c'est par la patience qu'on parvient à les rendre plus profitables; c'est par la patience qu'on réussit toujours à conserver la douceur convenable à des fonctions toutes bienfaisantes.

14. D. Comment les Infirmiers doivent-ils considérer les malades?

R. Ils doivent les considérer comme des frères faisant partie, comme eux, de la grande famille de l'armée, s'empresser à leur être utiles, prévenir tous leurs besoins, dédaigner l'injustice de quelques-uns, ne voir que l'intérêt de tous, et leur être agréables en tout ce que le réglement ne défend pas.

15. D. Quels sont les devoirs des Infirmiers envers leurs Chefs ?

R. Ils leur doivent respect et obéissance, et leurs obligations, sous ce dernier rapport, sont d'autant plus impérieuses, que les Infirmiers ne peuvent même différer d'obéir, sans que quelque malade puisse en souffrir.

16. D. Quels sont leurs devoirs entr'eux et envers eux-mêmes ?

R. Les Infirmiers, comme tous ceux qui concourent au même but, se doivent aide et assistance dans tous leurs travaux, et doivent apporter autant d'exactitude que de zèle dans leur service.

17. D. Le zèle et l'exactitude dans leur service ne paraissent-ils pas tenir à leurs devoirs envers les malades, plutôt qu'à ceux envers eux-mêmes ?

R. Ils tiennent aussi à leurs devoirs entr'eux, parce que tout ce qui est prescrit devant être fait, ceux qui négligent quelque partie de leur service, en surchargent leurs camarades.

18. D. Que se doivent-ils encore ?

R. Ils doivent s'aimer, s'instruire et se soulager mutuellement; ils sont tenus de se donner le bon exemple, de s'avertir réci-

proquement de ce qu'ils remarquent de ré-
préhensible dans la conduite les uns des
autres, de chercher à se corriger et à se distinguer par une belle tenue, une grande
sagesse et un esprit tel, que chacun s'observe
continuellement soi-même, pour conserver
intacte la réputation d'un corps qui peut et
doit être estimé, respecté et chéri de toute
l'armée.

---

# CHAPITRE III.

## SERVICE DE GARDE.

1. D. En quoi consiste le service de garde
d'un Infirmier?

R. Il consiste à soigner les malades de
chaque salle, à toute heure de jour et de
nuit, pendant l'absence de ses camarades.

2. D. Combien dure le service de garde?

R. Il dure vingt-quatre heures.

3. D. Pendant ce laps de temps, l'Infirmier peut-il se déshabiller et dormir?

R. Il ne peut pas se déshabiller; mais il
peut dormir pendant la partie de la nuit qui
lui est accordée pour se reposer, en ayant
soin de se lever chaque fois que son camarade réclame son secours.

4. **D. A** quelle heure se prend le service de garde?

**R.** Il commence le matin, aussitôt que tous les Infirmiers qui n'étaient pas de service sont rentrés.

5. **D.** Comment se divise le service de nuit?

**R.** Les Infirmiers de garde étant ordinairement en nombre pair, la première moitié veille jusqu'à minuit, et la deuxième, depuis minuit jusqu'au travail du matin.

6. **D.** Comment fait-on quand le nombre est impair?

**R.** L'Infirmier-major de garde y pourvoit, suivant l'exigence du cas, mais toujours de manière qu'il y ait constamment partage égal entre la veille et le repos.

7. **D.** Quel est le premier devoir d'un Infirmier de garde?

**R.** C'est de prendre la note des malades qui réclament le plus de soin, et des prescriptions faites par MM. les Officiers de santé pour chacun d'eux.

8. **D.** Quels sont les soins qu'il doit leur porter?

**R.** Il doit s'assurer à chaque instant de leur état, leur faire boire leurs tisanes, leur donner à temps, et dans les intervalles prescrits, les potions qui leur sont indiquées, les recouvrir quand leur agitation leur fait écarter leurs couvertures, réparer le désordre de leurs lits quand ils les ont dérangés, enfin, faire pour chacun d'eux ce qu'on fait en pareil cas pour un frère ou un ami.

9. **D.** N'y a-t-il pas encore d'autres soins à prendre ?

R. Oui, Monsieur ; il doit être attentif à tous leurs besoins, leur donner, au premier signe, le bassin ou l'urinal, les aider à se mettre sur la chaise percée, les y garantir du froid, les y soutenir au besoin, **et les replacer dans leurs lits.**

10. **D.** Que doit-il faire en cas de transpiration ?

R. Il doit, selon les circonstances et les recommandations particulières de MM. les Officiers de santé, entretenir la transpiration, en empêchant le malade de se découvrir, en le couvrant davantage ou mieux ; il doit également le changer de linge, s'il est nécessaire, en se conformant aux précautions indiquées au chapitre spécial.

11. **D.** Que doit-il faire pour tous les autres malades ?

R. Il doit être attentif à toutes les demandes qu'on lui fait, aller auprès de ceux

qui l'appellent, pourvoir à tous leurs besoins, et, autant que possible, les prévenir.

12. D. Comment doit-il se placer pour
être toujours à même de tout voir et tout
entendre?

R. L'Infirmier de garde qui veut bien
faire son devoir, doit toujours être debout
et se promener doucement entre les rangs
de lits, pour qu'aucun besoin de quelque
malade ne puisse lui échapper, et quand
il veut se reposer, il doit toujours s'asseoir
auprès du malade le plus grièvement affecté.

13. D. Ne doit-il pas, pendant la nuit,
prendre quelques précautions particulières?

R. Oui, Monsieur : pendant la nuit, il
doit prendre la précaution de marcher sans
bruit; il doit parler toujours à voix basse,
et faire en sorte de ne pas troubler le sommeil des malades qui dorment.

14. D. Doit-il toujours attendre qu'un
malade l'appelle?

R. Non, Monsieur; il sera toujours attentif au moindre mouvement, et s'il entend
un malade se plaindre, il s'en approchera
et cherchera à le soulager.

15. D. Quels sont les besoins qu'il peut
prévoir?

R. Il peut voir si chaque malade a de

la tisane dans son pot, et en mettre s'il n'en a pas; maintenir chaudes celles des malades qui doivent boire chaud; voir si son pot de nuit n'est pas trop plein, et le vider à temps; nettoyer les chaises percées de temps à autre, les bien couvrir ou fermer, afin qu'elles ne donnent point d'odeur; entretenir les lampes, pour que la lumière ne manque pas; tenir les portes fermées, empêcher qu'on ne fasse du bruit en ouvrant ou en fermant les portes; engager les malades ou autres à ne pas parler haut.

16. D. Quand son terme de repos arrive, peut-il se coucher sans prévenir son camarade?

R. Jamais il ne doit se coucher sans avoir éveillé son camarade et sans l'avoir vu levé, puisqu'il doit lui remettre la note des malades qui exigent des soins particuliers, et lui dire tout ce qu'il a dû faire pour eux, afin que l'Infirmier qui s'est reposé sache ce que réclame la situation de chacun.

17. D. Si un malade refuse de boire ou de prendre ce qui lui est prescrit, que doit faire l'Infirmier de garde?

R. Il doit en prévenir M. le Chirurgien de garde; mais comme la salle ne doit jamais rester sans un Infirmier, il le fait avertir par son camarade qu'il éveille à cet effet, à moins que le passage de l'Infirmier-major ne lui donne le moyen de le faire appeler, sans déranger celui qui se repose.

18. D. Est-ce le seul cas dans lequel il doive faire appeler le Chirurgien de garde?

R. Non, Monsieur; chaque fois qu'un malade éprouve des redoublemens, des faiblesses ou un accident quelconque, il est du devoir de l'Infirmier de garde de réclamer le secours de l'Officier de santé de service.

19. D. Dans une petite salle desservie par un seul Infirmier, comment peut se faire le service de garde?

R. Si, dans cette salle, il n'y a aucun malade qui ait besoin de soins assidus pendant la nuit, l'Infirmier peut s'y coucher, mais il ne doit pas s'en absenter; et quand quelque malade s'y trouve dans un état tel qu'il doive être veillé, il faut que l'Infirmier demande à son Infirmier - major, ou, au besoin, à l'Officier d'administration de service, qu'il lui soit adjoint un camarade pour la nuit.

20. D. Quel est le devoir des Infirmiers de garde, vers le matin?

R. L'Infirmier de garde doit, une heure avant la rentrée des hommes qui ne sont pas de service, éveiller son camarade, et tous deux doivent s'occuper de la vidange des pots de chambre, des chaises percées, etc., de la propreté des salles, mais avec toute la précaution nécessaire pour que ce travail se fasse sans bruit et de manière à ne pas éveiller les malades.

21. D. L'Infirmier de garde ne doit-il pas une attention particulière aux malades qui ont des accès nerveux ou le délire?

R. Oui, Monsieur; outre les soins qui leur sont recommandés d'ailleurs pour tous les malades graves, il faut sans cesse surveiller ceux-ci, pour les empêcher de s'enfuir, de sortir de leurs lits, et même, si on le juge convenable, les attacher avec toutes les précautions nécessaires pour ne pas les gêner trop ou les blesser.

22. D. Quel est le devoir des Infirmiers de garde envers les rondes des Infirmiers-majors et des Officiers d'administration?

R. Leur devoir est d'aller au-devant d'elles, d'abord pour leur prouver qu'ils sont à leur poste, ensuite pour leur rendre compte de ce qui a pu se passer depuis la ronde précédente; cependant, s'ils sont

occupés à donner des soins à quelques
malades, ils ne doivent pas les quitter, et
s'ils ont quelque chose à dire, ils attendront
que les rondes passent à leur portée, pour
les instruire de ce dont ils doivent leur
faire le rapport.

## CHAPITRE IV.

### VISITES.

1. D. Quels sont les préparatifs nécessaires avant les visites?

R. Ce sont tous les travaux de propreté
auxquels doivent se livrer les Infirmiers
dès la pointe du jour, tels que la vidange
des pots de nuit et chaises percées, le balayage des salles, l'ouverture des croisées,
l'allumage des feux dans la saison froide,
et généralement tout ce qui est exigé pour
la propreté et la salubrité.

2. D. Quels soins ont-ils dû prendre
relativement aux lits?

R. Ils ont dû réparer le désordre de
tous les lits, rentrer les couvertures, replacer les traversins, les draps, les capotes,
nettoyer les tablettes et les tables de nuit,

changer le linge de ceux qui l'auraient gâté, laver le visage et les mains de ceux qui seraient mal-propres, et faire enfin, pour chacun, ce que font ordinairement chez elles les personnes qui ont des malades et attendent le Médecin.

3. D. Toutes ces précautions sont-elles bien nécessaires?

R. Oui, Monsieur, parce que l'ordre et la propreté sont toujours nécessaires en tout ce qui est relatif aux malades, et qu'il est indispensable que le Médecin, pendant sa visite, ne soit pas distrait par le besoin de faire des recommandations qu'on a dû prévenir, et puisse tout voir, tout observer facilement et du premier coup-d'œil.

4. D. Comment se fait ce travail, et dans quel ordre?

R. Chaque Infirmier ayant à sa charge un certain nombre de lits, formant ce qu'on appelle un rang, et au service duquel il est spécialement attaché, indépendamment du service général, il fait, dans son rang, tout ce qui est prescrit plus haut.

5. D. Quelle doit être la conduite des Infirmiers, pendant la visite?

R. Les Infirmiers ayant tout prévu et tout préparé pour la visite, doivent être

chacun à leur rang, pour y attendre et recevoir M. l'Officier de santé en chef; ils doivent y observer et faire observer le plus
grand silence, apporter en tout la plus
grande attention, pour être toujours prêts
à satisfaire aux questions qu'on leur fait, et
connaître si les malades répondent avec jus-
tesse à celles qui leur sont adressées.

6. **D.** Si les Infirmiers remarquent dans
les réponses des malades quelque chose qui
ne soit pas exact, que doivent-ils faire?

**R.** Ils doivent demander la permission
de les rectifier, et dire la vérité avec toute
la franchise, la politesse et la réserve possibles, dans le cas où ce qu'ils auraient à
dire pourrait contrarier ou inquiéter le malade.

7. **D.** Cependant, si le malade est en
pleine connaissance, et si l'Infirmier a quelque chose à dire qu'il sache de nature à
le contrarier ou l'inquiéter, peut-il, doit-il
même le faire à voix basse?

**R.** Il pourrait y avoir en cela beaucoup
d'inconvéniens; il faut respecter même les
caprices d'un homme attaqué d'une maladie
grave; il est urgent d'éviter que l'Infirmier
puisse perdre sa confiance, ou que le malade
le prenne en aversion : il faut, dans ce cas,

qu'il prie son Infirmier-major de prévenir, avant la visite du rang, M. l'Officier de santé en chef, de ce qu'il croit important de lui faire connaître.

8. D. Quelles sont leurs obligations pendant le temps des visites?

R. Il y en a de particulières aux Infirmiers qui descendent ou montent la garde, et de générales pour tous.

9.. D. Quelles sont celles des Infirmiers qui étaient de garde la veille?

R. Elles consistent à suivre MM. les Officiers de santé en chef, pour leur rendre compte exactement de tout ce que chaque malade a éprouvé depuis la dernière visite.

10. D. En quoi consiste ce rapport?

R. A dire à M. l'Officier de santé si le malade a eu une fièvre plus ou moins violente, s'il a été agité ou calme, s'il a dormi ou non, s'il a uriné, s'il a été à la garde-robe, s'il a toussé, s'il a expectoré, s'il a eu des transpirations ou quelque faiblesse, enfin, tout ce qu'il a éprouvé en bien ou en mal.

11. D. Est-ce là tout ce qu'il doit dire à M. l'Officier de santé?

R. Non, Monsieur; après avoir fait le rapport de ce que chaque malade a éprouvé,

il doit dire aussi si le malade a observé
toutes les prescriptions ; s'il a bu ses tisanes,
ses potions ; s'il n'a pas abusé de son régime
alimentaire ; s'il a reçu les lavemens, bains
locaux ou autres ; enfin, tout ce qui peut
éclairer M. l'Officier de santé dans le traitement de chacun.

12. D. Quels sont les devoirs, pendant
la visite, des Infirmiers qui prennent le
service de garde ?

R. Ceux qui prennent la garde le jour
même, doivent écouter avec attention tout
ce qui se prescrit pour chaque malade, afin
de veiller, pendant leur garde, à ce que
toutes les prescriptions soient suivies exactement.

13. D. Quels sont, pendant le même
temps des visites, les devoirs de ceux qui
ne descendent ou ne montent pas la garde ?

R. Tous les Infirmiers de chaque salle
devant avoir un rang ou une fraction de
rang de lits, dont ils sont particulièrement
chargés, chaque Infirmier est tenu de suivre
scrupuleusement la visite des lits compris
dans son rang, afin de bien savoir tout ce
qu'il doit faire pour chacun des malades
qui lui sont confiés, pendant qu'il reste dans
la salle, et pour pouvoir recommander à

ses camarades de veiller sur ceux qui auront besoin de soins pendant son absence.

14. D. Quelle est la place que les Infirmiers doivent prendre pendant la visite?

R. Chaque Infirmier doit se porter, pendant la visite, à la tête du lit de chaque malade de son rang, pour donner à M. l'Officier de santé tous les détails dont il peut avoir besoin pour régler ses prescriptions, et recevoir lui-même l'indication de tout ce qu'il a à faire pour chacun, dans l'intervalle d'une visite à l'autre.

15. D. Mais vous avez dit que l'Infirmier de garde la veille, devait rendre ce compte à M. l'Officier de santé; ils doivent donc y être tous deux?

R. Oui, Monsieur : il convient même qu'ils y soient trois, si l'Infirmier du rang ne monte ou ne descend pas la garde; car, dans ce cas, l'Infirmier descendant la garde, ou celui qui la monte, doivent être à la tête du lit, du côté opposé à M. l'Officier de santé en chef, et celui du rang doit être du même côté et près de lui, afin que le Médecin puisse toujours questionner l'un et prescrire aux autres ce que l'état de chaque malade exige.

16. D. Êtes-vous bien convaincu de l'importance de cette attention?

R. Oui, Monsieur; le moment de la visite est le plus important de toute la journée, et je suis bien pénétré de la nécessité d'y apporter la plus grande attention.

17. D. Pourquoi?

R. Parce que si je laisse ignorer à M. l'Officier de santé quelque chose de relatif à l'état du malade, je l'induis en erreur, et j'expose ce dernier à beaucoup d'accidens.

18. D. Comment cela?

R. Si je ne dis pas à M. l'Officier de santé que le malade a eu des redoublemens de fièvre, ou qu'elle s'est ralentie; si je ne lui dis pas qu'il a eu des syncopes, des faiblesses ou d'autres accidens; si je ne lui rends pas compte de tout ce qu'il a éprouvé en bien ou en mal, il pourra croire le malade mieux ou plus mal, puisqu'il ne peut juger son état que d'après ce qu'il voit au moment de sa visite.

19. D. Sont-ce là les seuls inconvéniens de votre silence?

R. Non, Monsieur; si je laissais ignorer à M. l'Officier de santé que son malade éprouve de la répugnance pour telle ou telle boisson, qu'il se refuse à tels ou tels remèdes, qu'il a éprouvé tel ou tel besoin, il ne pourrait pas établir ses prescriptions d'une manière précise.

# CHAPITRE V.

## PANSEMENS.

1. **D.** Quels sont les devoirs des Infirmiers avant les pansemens?

**R.** Ils consistent à préparer tout ce qui y est ordinairement employé, tels que cataplasmes, décoctions, enfin, tout ce qu'aux pansemens précédens on a reconnu nécessaire.

2. **D.** Où est leur place pendant les pansemens?

**R.** Chacun doit être à son rang, avec un drap à pansement pris parmi les draps les plus médiocres.

3. **D.** A quoi sert ce drap?

**R.** Ce drap sert à soutenir la partie du corps qui doit être pansée, afin de garantir les draps, matelas et couvertures, de toute l'humidité ou mal-propreté qui peuvent résulter du pansement, tel que les décoctions, les cataplasmes, le sang, le pus et autres matières.

4. **D.** Quelles sont leurs fonctions pendant les pansemens?

**R.** Ils doivent être toujours prêts à faire

ou donner ce qui leur est demandé par MM. les Chirurgiens ; les aider dans tout ce qu'ils réclament de leur assistance, répondre poliment à leurs questions, écouter attentivement leurs recommandations, et exécuter, avec promptitude, tous les ordres qu'ils peuvent recevoir.

5. D. Quel doit être l'objet de leur attention pendant les pansemens ?

R. Ils doivent être attentifs à tous les mouvemens des malades et des Officiers de santé, soutenir les uns, prévenir les autres dans toute espèce de besoin, éviter de gêner en s'approchant trop, ne pas s'écarter, voir s'il n'y a pas de courant d'air sur les parties du corps qui sont découvertes, recouvrir tous les malades après les pansemens, et examiner avec soin ce qui sera nécessaire ou utile aux pansemens suivans, afin de le préparer à l'avance.

6. D. L'Infirmier ne doit-il pas aussi avoir toujours un panier à pansement ?

R. Oui, Monsieur, afin d'y mettre tout ce qui a servi au précédent pansement, et qu'on ne jette sur le plancher, ni linge, ni charpie, ni autre objet qui puisse y faire des taches ou sur lequel on puisse marcher.

7. D. L'application des sangsues et les

saignées n'exigent-elles pas des soins particuliers ?

**R.** Oui, Monsieur ; il faut toujours que,
pendant une saignée, l'Infirmier ait soin
de tenir la palette de manière à ce que
le sang ne puisse tacher les fournitures,
si c'est à lui qu'on donne le soin de la
tenir ; mais l'application des sangsues exige
d'autres précautions.

**8. D.** Quelles sont-elles ?

**R.** On doit avoir la précaution,

1° De placer, sous la partie à laquelle
sont appliquées les sangsues, un drap plié
en huit dans sa longueur, et rouler le reste
du drap qui n'est pas sous le malade ;

2° A mesure que le drap ainsi plié et
roulé, qu'on appelle aussi allaise, se trouve
imbibé de sang, et avant qu'il en soit entièrement traversé, on déroule un peu de la
partie roulée, pour la placer sous la partie
saignante, et on retire du côté opposé la
partie ensanglantée, qu'on roule aussi à
son tour, jusqu'à ce qu'on ait ainsi successivement laissé imbiber toute l'allaise, à
laquelle, au besoin, on en substitue une
autre.

9. **D.** Pourquoi roulez - vous ainsi les
extrémités ?

**R.** C'est afin que les extrémités ne ressortent pas du lit, pour que la partie propre ne se salisse pas, et que celle ensanglantée ne puisse se voir ou gâter le lit.

10. **D.** N'y a-t-il pas une autre précaution qui intéresse plus directement le malade ?

**R.** Oui, Monsieur, il en est une essentielle à laquelle on ne doit jamais manquer : c'est de demander au Médecin combien de temps il faut laisser couler le sang ; et si le sang coule encore après l'époque fixée, il faut avertir M. le Chirurgien de garde.

11. **D.** Quels sont les soins à donner au malade pendant l'application des sangsues ?

**R.** Il faut que l'Infirmier épie le moment où les sangsues cessent de sucer et tombent ; qu'il les ôte, en s'assurant bien de leur nombre, et qu'il les dépose dans l'endroit indiqué.

12. **D.** Après la chûte des sangsues, que doit-il faire ?

**R.** Il doit laver les piqûres souvent, avec de l'eau tiède, en détacher le sang caillé et tenir la partie piquée dans la plus exacte propreté.

# CHAPITRE VI.

## DISTRIBUTIONS.

Médica-<br>mens.

1. D. Qu'entendez-vous par distributions?

R. On appelle distributions toute répartition faite entre les malades ou les Infirmiers, ou même les salles, des médicamens, alimens ou objets de consommation sortant des pharmacie, dépense, cuisine ou magasins.

2. D. Qu'est-ce qu'une distribution de médicamens?

R. C'est celle qui se fait à chaque malade, des tisanes, potions, gargarismes, colyres, linimens, purgatifs, ou autres prescriptions de M. l'Officier de santé, après chaque visite.

3. D. Combien y a-t-il de distributions de médicamens?

R. Le nombre n'est pas fixé; cependant il n'y a ordinairement qu'une principale, qui a lieu après la visite du matin, et une supplémentaire, après celle du soir.

4. D. Par qui sont faites ces distributions?

R. Par MM. les Pharmaciens, aidés des Infirmiers attachés à la pharmacie ou aux salles.

5. D. Quel doit être le soin des Infirmiers, pendant cette distribution ?

R. Ils doivent avoir soin de bien observer ce que dicte M. le Pharmacien, afin de donner exactement à chaque malade ce qui est destiné pour lui, et éviter les méprises ou les erreurs ; il faut qu'ils aient l'attention de bien distinguer les remèdes internes de ceux externes ; s'ils ont quelque doute sur leur nature ou sur la manière d'en faire usage, ils doivent le prier de leur donner les explications nécessaires.

6. D. Qu'entendez-vous par distribution d'alimens ?

R. Ce sont celles que l'on fait aux malades, des alimens qui leur ont été prescrits à la visite du matin.

7. D. Combien y a-t-il de distributions, et à quelle heure se font-elles ?

R. Il y en a deux ; la première se fait à dix heures du matin, la seconde, à quatre heures après midi.

8. D. Quels sont les préparatifs nécessaires dans les salles ?

R. Il faut que tout le travail de propreté qui doit suivre les pansemens soit terminé, et que toute la vaisselle et les tablettes mobiles soient disposées d'une manière régulière.

9. D. Comment les dispose-t-on ?

R. L'écuelle, l'assiette et le pot à boire seront placés sur la tablette du pied du lit, si elle se trouve assez large ; dans le cas contraire, on les placera sur la planchette mobile, qui devra être assez rapprochée du pied du lit, pour qu'on puisse les prendre facilement.

10. D. Par qui ces objets doivent-ils être placés ?

R. On engage tous les malades, qui sont en état de le faire, à ranger ainsi leur vaisselle et leurs tablettes, et les Infirmiers y suppléent pour tous ceux qui ne le peuvent pas, en cherchant à obtenir l'alignement le plus exact possible.

11. D. N'y a-t-il pas encore d'autres préparatifs concernant la propreté des malades ?

R. Oui, Monsieur ; les Infirmiers doivent mettre toujours de l'eau dans les fontaines des salles, avant chaque distribution, et engager les malades à se laver les mains et la bouche.

12. D. Mais dans la saison froide, ne réchauffe-t-on pas cette eau ?

R. Oui, Monsieur ; depuis le 1$^{er}$ octobre jusqu'au 1$^{er}$ juin, on doit, avant chaque distribution, ajouter de l'eau chaude dans les fontaines, pour que, dans toutes, elle soit au moins tiède.

13. D. Quelles sont les mesures de propreté relatives aux Infirmiers?

R. Ils doivent, avant chaque distribution, réparer le désordre que le travail antérieur a pu apporter dans leur habillement, se laver le visage et les mains, et prendre un tablier propre, en réservant l'ancien pour les travaux grossiers.

14. D. Sentez-vous bien pourquoi on exige de vous ces précautions?

R. Oui, Monsieur : c'est afin de ne donner aucune répugnance aux malades; car si j'étais malade moi-même, je souffrirais de me voir servir sans toutes les précautions que réclame la propreté.

15. D. Tous ces préparatifs terminés, que doivent faire les Infirmiers?

R. Ils doivent être attentifs au signal du départ, et au premier coup de cloche, se porter, ou à la dépense, ou à la cuisine, selon que chacun aura été désigné, pour porter le pain, le vin, le bouillon et les autres objets.

16. D. Mais pour la distribution des bouillons maigres ou des légers alimens, n'est-il pas nécessaire de laver les écuelles

ou les assiettes des malades auxquels ils sont prescrits ?

R. Oui, Monsieur; soit que l'Infirmier-major fasse lui-même laver les écuelles ou les assiettes, soit qu'il remette à un Infirmier la liste pour en faire la levée, ce dernier doit les réunir dans un panier plat, l'une à côté de l'autre, sans les empiler, et les porter à la cuisine avec la liste qu'on lui a remise.

17. D. Si le nombre des écuelles ou assiettes excède celui qui peut être contenu dans le panier, comment fait-il ?

R. Il y a des planches minces avec lesquelles il recouvre le rang inférieur, et il forme, en-dessus, un second rang; mais il ne doit jamais en mettre un troisième.

18. D. Si les écuelles et les assiettes ne sont pas numérotées, comment peut-il faire pour rendre à chacun la sienne ?

R. Il doit suppléer aux numéros par l'ordre dans lequel il les place dans le panier; il prie ensuite le cuisinier de n'en pas changer l'arrangement, et il trouve ainsi le moyen de remettre à chacun sa vaisselle, sentant combien il serait désagréable au malade de la voir changer, et combien même cela lui pourrait être nuisible, puisqu'il serait exposé par-là, à recevoir un aliment opposé à celui qui lui aurait été prescrit.

19. D. Dans quel ordre marche la distribution?

R. Les paniers de pain marchent les premiers, ensuite le vin, et en troisième lieu le bouillon, qui doit venir immédiatement après.

20. D. Comment se donne le pain?

R. Le pain doit se poser toujours sur la tablette mobile, et jamais on ne doit le placer ailleurs, encore moins le jeter.

21. D. Et le vin?

R. Celui qui délivre le vin doit plonger doucement sa mesure dans le seau, pour la remplir exactement, et la verser avec précaution, afin de n'en pas répandre sur la tablette, et sur-tout sur la couverture.

22. D. Comment délivre-t-on le bouillon?

R. Celui qui le délivre doit plonger, sans précipitation, sa cuiller dans le bouillon, de manière à égaliser la répartition des légumes qui se trouvent dans le seau, et verser proprement dans l'écuelle de chacun, en évitant toujours d'en répandre sur la tablette et sur le lit.

23. D. Quelle doit être la distance entre le panier du pain et le seau de vin?

R. Il ne doit jamais y avoir plus que la distance d'un lit.

24. D. Quels sont les objets qui suivent la distribution du pain, du vin et du bouillon ?

R. Ce sont les bouillons maigres, les alimens légers et la viande.

25. D. Comment se distribuent les bouillons maigres ?

R. S'il y a peu de malades au bouillon maigre, on lève les écuelles, ainsi qu'il a été dit plus haut, et on les porte à la cuisine dans des paniers plats, pour les remettre pleines, dans le même ordre qu'on les a levées.

26. D. S'il y a beaucoup de malades, comment fait-on ?

R. Dans ce cas, on apporte de la cuisine du bouillon maigre dans un seau à bouillon, et on le distribue à chaque malade, de la même manière que le bouillon gras, avec une liste indiquant les numéros, ou sous la dictée de l'Infirmier-major.

27. D. Comment se distribuent les alimens légers ?

R. De la même manière que les bouillons maigres.

28. D. Qu'entend-on par alimens légers ?

R. On appelle alimens légers, tout ce

qui n'est pas viande; ainsi les riz, œufs, pruneaux, légumes, et autres, sont des alimens légers.

29. D. Comment se fait la distribution de la viande ?

R. Après avoir été chercher, sous la conduite de l'Infirmier-major, la bassine à viande, les Infirmiers qui en sont porteurs déposent le couvercle à l'entrée de la salle, et distribuent la viande avec une fourchette, sous l'appel de l'Infirmier-major, et placent proprement les portions sur les assiettes de chaque malade.

3o. D. Comment se distribue le sel ?

R. En même temps que la viande, au moyen d'une petite mesure qui se vide, avec le même soin, sur chaque tablette.

31. D. Quelles sont les attentions que doivent avoir les Infirmiers, pendant la distribution des alimens ?

R. Ils doivent être attentifs à toutes les réclamations que peuvent faire les malades, en avertir les Infirmiers-majors, y faire droit sur-le-champ, quand cela est possible ; mais pour peu que la distribution générale en puisse être retardée, on les engage à attendre, et on s'en occupe immédiatement après.

32. D. N'y a-t-il pas encore une chose très - importante à surveiller pendant **ou** après les distributions?

R. Oui, Monsieur; il faut être bien attentif à ce que les malades ne puissent se donner, vendre ou échanger entr'eux leurs alimens; il faut que les malades soient obligés à manger dans leurs salles, chacun à son lit, et jamais plusieurs ensemble.

33. D. Quelles sont les précautions de salubrité qui doivent suivre les distributions?

R. Aussitôt qu'elles sont terminées, **on** doit ouvrir les croisées en aussi grande quantité que la saison le permet, mais avec la précaution d'ouvrir, de préférence, celles qui sont dans le voisinage des lits non occupés, ou éloignées de ceux des grands malades.

Soins de propreté après les distributions.

34. D. Quels sont les soins de propreté dont on doit s'occuper ensuite?

R. Il faut d'abord s'occuper à laver à l'eau chaude toute la vaisselle et les cuillers des malades, les rincer à l'eau froide et les essuyer avec soin; nettoyer les tablettes du lit, celles mobiles, et pendre ces dernières; rétablir les lits, et tout ce qui peut se trouver dérangé dans les salles; ensuite on fait **un** balayage général.

35. **D.** Que fait-on de tous les vases ou autres objets qui ont servi à la distribution ?

**R.** On rapporte exactement à la cuisine ou à la dépense, les paniers, seaux, porte-bouillons, bassines, et généralement tous les objets qui ont servi à la distribution.

36. **D.** Mais s'il y reste quelque chose, qu'en fait-on ?

**R.** On porte les vases ou paniers tels qu'ils sont, sans que personne doive se permettre d'en disposer.

37. **D.** Qu'est-ce que la distribution du bois et des combustibles ?

**R.** C'est celle que l'on fait pour chaque salle ou chaque partie de service, du combustible nécessaire pendant vingt-quatre heures.

38. **D.** Comment se fait cette distribution ?

**R.** Au signal donné, les Infirmiers chargés d'approvisionner soit les salles, soit les bains, cuisine, pharmacie ou autres parties de l'établissement, se rendent au chantier avec les brouettes ou paniers nécessaires, et là, reçoivent les divers combustibles destinés à chaque service, suivant les proportions réglées pour chacun.

Ils les enlèvent et vont les déposer dans les endroits indiqués, en prenant les pré-

cautions nécessaires pour n'en pas perdre
en chemin et ne pas salir les vestibules,
escaliers ou autres lieux par lesquels ils
passent, ni ceux où ils les déposent.

39. D. Quelle est, en général, l'attention
que les Infirmiers doivent avoir dans toute
espèce de distribution d'objets nécessaires
au service ?

R. Ils doivent être attentifs au signal
donné pour chacune, ou pour ne pas en
prolonger la durée, ou pour ne pas s'exposer à faire manquer le service par leur
faute.

*Le change-
ment
du linge
rentre
dans
le service
des
distribu-
tions.*

40. D. Le changement de linge sale des
cuisine, bains, salles ou pharmacie, n'est-il
pas aussi une distribution ?

R. Oui, Monsieur : et c'en est une très-
importante ; car le renouvellement du linge
aux malades est une chose essentielle à leur
guérison.

*Comment
et à quelles
époques
il a lieu.*

41. D. Quel est le temps fixé, par le
réglement, pour renouveler les draps et
les chemises des malades ?

R. Le réglement exige le changement des
draps tous les quinze jours, et celui des chemises et coiffes, tous les cinq jours.

42. D. Ces termes sont-ils de rigueur pour
tous les malades ?

R. Non, Monsieur ; ils ne sont observés que pour les malades attaqués de galle, de maladie vénérienne, ou d'autres maladies ou blessures légères, et dont le linge, noir ou blanc, ne se trouve pas taché de sang ou de pus, ou imbibé de sueur, avant ces termes.

43. D. Comment peut-on ou doit-on faire pour les autres malades ?

R. On doit donner du linge blanc à tous les malades qui en ont besoin, quelle que soit l'époque à laquelle ils ont reçu le leur, et chaque fois qu'il est sale, taché ou mouillé ; mais il faut éviter l'abus qu'on peut en faire, et vérifier si le malade ne l'a pas sali mal à propos, en s'en servant comme d'essuie-mains ou de torchons.

44. D. Si vous remarquez, dans le linge de quelque malade, une malpropreté ou une dégradation extraordinaires, que devez-vous faire ?

R. Si je remarque que le linge rendu par un malade est plus malpropre qu'il ne doit l'être par l'usage ordinaire, ou qu'il a été déchiré ou troué, je dois avertir l'In-firmier-major pour le lui faire reconnaître.

45. D. N'y a-t-il pas quelque règle pour les malades attaqués de maladies graves ?

R. Il n'y en a aucune autre que de les tenir toujours très-proprement, et d'avoir constamment prêt du linge sec et chaud, pour les changer aussi souvent que cela est nécessaire.

46. D. Où se place le linge sale sortant de dessous les malades?

R. Ce linge ne doit pas séjourner dans les salles; et, pour cela, il faut que tous les grands changemens de linge aux malades précèdent immédiatement le transport au magasin du linge sale.

47. D. Mais la distribution ou l'échange du linge au magasin n'ayant lieu qu'une fois par jour, que fait-on du linge sale retiré de dessus les malades, dans l'intervalle des changemens?

R. Il y a des coffres placés à l'extrémité ou au-dehors des salles, pour recevoir le linge dans l'intervalle des changemens; mais on ne doit pas y mettre le linge mouillé.

48. D. Que fait-on du linge mouillé?

R. Si le linge est trempé de sang, on doit, dans la journée, le porter de suite à la buanderie, qui en rend une pareille quantité de sec; mais si c'est pendant la nuit, on le met dans un baquet, avec une quantité d'eau suffisante pour le recouvrir, en attendant que la buanderie soit ouverte.

49. D. Pourquoi cette précaution?

R. Parce que quand le sang sèche sur le linge, il en pénètre tellement le tissu, qu'il y forme des taches difficiles à enlever.

5o. D. Si le linge n'est trempé que de sueur, de décoction ou d'eau, comment faites-vous?

R. On le fait sécher dans le voisinage de la salle, à l'endroit indiqué pour cet usage, et on ne le place dans le coffre que quand il est tout-à-fait sec.

51. D. Comment opère-t-on pour le changement du linge au magasin?

R. Avant l'heure fixée pour l'échange, et suivant l'ordre de l'Infirmier-major, on compte le linge en-dehors de la salle, ou à une de ses extrémités, pour ne pas en faire respirer l'odeur aux malades. et on en forme des paquets sur lesquels on attache la note faite par l'Infirmier-major. pour en indiquer la quantité.

52. D. Quand le linge est compté, que fait-on?

R. Au signal donné, on le porte au magasin du linge, où il est de nouveau compté, pièce par pièce, avec la précaution de l'étendre, soit pour ne pas compter deux pièces pour une, ou une pour deux, soit pour que la personne qui reçoit le linge puisse en reconnaître la qualité.

53. D. Quand le linge sale est compté et placé sur les chevalets, par vos soins, que faites-vous ?

R. Je vais au magasin du linge blanc, avec la note visée par la personne qui l'a reçu, retirer une même quantité de linge propre, qui est compté devant moi et que je porte ensuite dans la salle, où je le compte encore en présence de l'Infirmier-major, s'il ne m'a pas accompagné au magasin.

54. D. Où le met-on ensuite?

R. On le place ensuite dans les armoires, où on le range dans l'ordre le plus propre à en vérifier toujours les quantités, et à prendre telles pièces que ce soit, sans être obligé de déranger les autres.

---

# CHAPITRE VII.

**TENUE ET ENTRETIEN DES LITS, COFFRES, ARMOIRES, MEUBLES ET USTENSILES DES SALLES.**

Lits.

1. D. Quels sont les devoirs des Infirmiers, relativement à la tenue et à l'entretien des lits?

R. Ils consistent à tenir les lits bien alignés, à les faire avec soin, de sorte que le malade y soit toujours bien couché et bien couvert, à soigner la propreté de toutes ses parties, et à placer d'une manière uniforme tous les objets qu'il contient.

2. D. Comment s'alignent les bois de lit?

R. En maintenant toujours les pieds sur la marque imprimée, soit sur le plancher, soit sur les carreaux, de manière à la recouvrir entièrement.

3. D. Comment doit se faire un lit, pour que le malade y soit bien?

R. Pour bien faire un lit, il faut placer tout ce qui le compose sur un lit voisin, en ayant soin de choisir celui qui n'est pas occupé pour le moment, ou sur deux bancs, si les deux voisins sont occupés.

4. D. Dans quel ordre enferme-t-on les fournitures?

R. Après avoir ôté tous les effets des malades, on lève les couvertures qu'on plie en deux dans leur longueur, pour empêcher qu'elles ne traînent sur le plancher; on ôte, avec la même précaution, le drap de dessus, et on le place de manière à retrouver la partie qui était du côté de la tête, pour que le malade n'ait pas à la tête ce qu'il avait aux pieds; on roule ensuite le traversin avec le drap du dessous, en y mettant le même soin, et on retourne le matelas, avant de le plier en deux, pour le poser sur le reste, de sorte que la paillasse se trouve à découvert.

5. D. Que fait-on alors de la paillasse?

R. On remue la paille qu'elle contient, et on la soulève de manière à la rendre plus douce et égale en toutes ses parties.

6. D. Quand on a arrangé convenable-ment la paillasse, que fait-on?

R. On replace successivement le matelas et le drap du dessous, en ayant soin de bien le secouer ou l'étendre, pour qu'il n'y reste ni ordure, ni pli; on s'assure que les coutures du drap qui reçoit le malade sont en-dessous, et celles de l'autre drap en-dessus; on place ensuite les couvertures, avec la précaution d'en rentrer les extrémités dans la couchette ou sous le matelas, et on remet exactement à leur place tous les effets des malades.

7. D. Pourquoi placez-vous la couture du drap de dessous en-dessous, et l'autre en sens inverse?

R. Parce que, si les coutures touchent immédiatement le malade, il se trouve mal couché, et pour peu qu'il le soit depuis long-temps, il en sera bientôt écorché.

8. D. Quel aspect doit présenter le lit, quand il est bien fait?

R. Il doit présenter, depuis le traversin jusqu'au pied, une surface égale, sans relief ni enfoncement, les couvertures bien rentrées sous le matelas et dégagées de toute ordure.

9. D. Où se placent les effets des malades?

R. La capotte et le pantalon se placent sur les pieds, la capotte recouvrant le pantalon ; tous les autres objets que le malade peut avoir avec lui, se placent sous le traversin.

10. D. De quel côté doit se mettre la table de nuit?

*Tables de nuit.*

R. La table de nuit doit toujours être à droite de la couchette, à moins que la situation du malade n'exige, par exception, qu'elle soit placée à gauche.

11. D. A quoi sert la table de nuit?

R. Elle sert à recevoir, d'abord le pot -de nuit, qui se met sur la tablette inférieure, l'anse en avant.

Sur la tablette supérieure, se placent le pot à boire, le pot à tisane et le crachoir, avec les fioles à potion.

12. D. A quel usage est destinée la tablette qui est à la tête du lit?

R. Elle reçoit l'assiette et l'écuelle du malade, et supplée à l'insuffisance de la table de nuit, dont elle tient lieu au besoin.

13. D. Quel est l'usage de la tablette des pieds?

R. Elle sert à déposer l'appareil pour les pansemens, et dans les distributions, à placer le pot à boire, l'écuelle et l'assiette du malade.

Planchettes mobiles.

14. D. Qu'appelez-vous planchettes mobiles?

R. On nomme ainsi une petite planche entourée d'un rebord, qui remplace quelquefois la tablette des pieds, dans les distributions, et sert de table à manger aux malades.

15. D. Quel soin exigent les couchettes, tablettes, tables de nuit, et planchettes mobiles?

R. Elles exigent une grande propreté; il faut qu'elles soient lavées, exactement essuyées, séchées et garanties de toute poussière ou ordure quelconque.

16. D. Où se place la tablette mobile?

R. On la suspend à la couchette, qui porte un clou ou crochet pour la recevoir.

17. **D.** Où met-on la cuiller du malade ? Cuillers.

**R.** On la passe dans une bride ou cuir disposé exprès au montant droit de la tête du lit.

18. **D.** Où place-t-on le billet de salle Billets de salle. du malade ?

**R.** Il se met, plié en quatre, dans une bride en cordon ou fil de fer, fixée, soit à la planchette du numéro, soit à un des montans de la tête du lit.

19 **D.** A quoi servent les coffres ou Coffres et armoires. armoires des salles ?

**R.** Ils servent à renfermer le linge, les effets et la vaisselle qui ne sont pas employés dans les lits ou sur les malades.

20. **D.** Comment doivent-ils y être placés ?

**R.** Ils doivent y être placés avec ordre et de manière à pouvoir toujours prendre l'objet dont on a besoin, sans déplacer les autres.

21. **D.** Quel est l'ordre qu'il faut observer pour cela ?

**R.** C'est de former des piles de chaque espèce d'objet, de les tenir pliés avec soin et dans l'ordre observé au magasin. Ayant ainsi le linge par piles, on peut prendre facilement les pièces dont on a besoin, sans déranger les autres.

3 *

22. **D.** Cet ordre est assez facile dans les armoires; mais dans les coffres est-il possible ?

**R.** Oui, Monsieur; cependant il faut plus de soin et de peine pour établir un arrangement régulier dans les coffres que dans les armoires : néanmoins, on le peut et on le doit.

23. **D.** Quelle est la précaution à prendre après chaque changement du linge ?

**R.** Chaque fois qu'on apporte du magasin du linge blanc en échange du linge sale, on doit s'assurer qu'il est parfaitement sec ; et pour peu qu'il soit humide, il faut le laisser exposé à l'air, dans le voisinage du poële, et ne l'enfermer que quand on aura remarqué qu'il n'existe plus d'humidité.

24. **D.** Comment doit se placer le linge récemment reçu ?

**R.** Le linge qu'on reçoit du magasin doit toujours se placer en-dessous de celui qui reste dans les coffres ou armoires, afin qu'il serve seulement à son tour; car si on le mettait toujours en-dessus, il pourrait arriver que celui de dessous servît très-rarement.

25. **D.** Le couvercle des coffres, ou les portes des armoires, ne doivent-ils pas porter, en-dedans, l'état général de tout le mobilier de la salle?

R. Oui, Monsieur, pour que l'on puisse toujours vérifier facilement les quantités de mobilier en service dans chacune.

26. D. N'est-il pas nécessaire de maintenir toujours ces coffres et armoires dans un état complet de propreté?

R. Oui, Monsieur: ils doivent être essuyés souvent; on ne doit placer sur les couvercles des coffres et le dessus des armoires, rien qui puisse les salir ou les mouiller; il faut toujours les garantir de la poussière, extérieurement et intérieurement, et c'est principalement dans l'intérieur qu'ils doivent présenter la preuve des soins qu'on a d'y maintenir la propreté.

1. D. Quel soin doit-on prendre des chaises percées ? *Chaises percées.*

R. Les chaises percées, étant les meubles les plus incommodes dans les salles, ne doivent jamais y rester, quand elles n'y sont pas nécessaires, et il ne faut jamais en avoir que le nombre indispensable.

2. D. Mais quand on est forcé d'y en mettre, comment fait-on pour en diminuer l'inconvénient?

R. Une propreté exacte en diminue beaucoup; mais il faut qu'elles ferment bien et qu'elles soient vidées souvent.

Baignoires de bras, de pieds et de siége.

1. D. Quels sont les autres objets qui exigent une attention particulière ?

R. Ce sont les baignoires de bras, de jambes et de siége; les baquets ou seaux qui servent à la propreté.

2. D. Quels soins réclament les baignoires de bras, jambes et siége ?

R. Ils doivent varier suivant la matière dont ils sont formés.

3. D. Quelles sont les matières qui y sont habituellement employées ?

R. Ce sont le bois, le fer−blanc et le cuivre.

4. D. Quand ces vases sont en bois, quels soins exigent-ils ?

R. Les vases en bois étant pénétrables par l'eau, on ne doit jamais y laisser séjourner d'eau sale, qui lui communiquerait une odeur désagréable; il faut donc, par cette raison, les vider chaque fois qu'ils ont servi, les laver avec soin et les rincer; mais on doit éviter, en même temps, de les placer dans un endroit sec et chaud, parce que les douves se dessécheraient et que le liquide n'y serait plus maintenu.

5. D. Cependant, si vous n'avez pas d'endroit frais pour les placer, ou si la saison est chaude, comment ferez-vous ?

R. Alors, après les avoir bien vidés, lavés et rincés, j'y mettrai de l'eau propre et je l'y laisserai jusqu'à ce que les mêmes vases doivent servir.

6. D. Si vous y laissez de l'eau pendant long-temps, dans une saison chaude, elle s'y corrompra ?

R. Oui, Monsieur ; mais quand il fait chaud, je la change tous les jours ; et comme la chaleur exige l'emploi de beaucoup d'eau, soit pour arroser, soit pour laver, ces vases, au lieu de gêner, serviront à augmenter la provision.

7. D. Comment se nettoient et se con-servent les vases en fer-blanc ?

R. Les vases en fer-blanc doivent être lavés à l'eau chaude, rincés et essuyés avec soin, parce que l'humidité qu'on y laisse les rouille et les détruit en peu de temps.

8. D. Ne peut-on pas les frotter avec des cendres ou du sable ?

R. Non, Monsieur ; on détruirait bientôt, par ce moyen, l'étain qui les recouvre, et ils seraient bien plutôt usés.

9. D. Suffit-il de les bien sécher et de les garantir de l'humidité ?

R. Non, Monsieur ; il faut encore éviter de les trop approcher du feu, pour qu'ils ne se dessoudent pas, et de les heurter, pour ne pas les déformer ou les percer.

Cuivre.

10. D. Quels soins exigent les ustensiles en cuivre ?

R. Il faut aussi ne jamais les heurter ou poser rudement, pour ne pas les déformer.

11. D. Comment les nettoie-t-on ?

R. On les nettoie par un lavage à l'eau chaude, en séchant, comme le fer-blanc, toutes les parties étamées ; mais celles qui ne le sont pas, peuvent être récurées, soit avec du sable, soit avec des cendres passées dans un tamis très-fin, mais toujours bien séchées, afin d'éviter la formation du vert-de-gris.

12. D. N'y a-t-il pas quelques précautions à prendre pour les vases en cuivre montés sur bois, comme les bains de fauteuils ?

R. Oui, Monsieur : il faut, en les nettoyant, éviter de frotter le bois avec les mêmes substances que le cuivre ; car la peinture serait bientôt détruite : il doit être simplement lavé et essuyé.

Seaux et baquets.

1. D. A quoi servent les seaux et baquets ?

R. Les seaux et baquets servent, 1° au transport de l'eau chaude ou froide, avec laquelle on nettoie tous les objets susceptibles d'être lavés; 2° à les contenir pendant le lavage; 3° enfin, à l'enlèvement des eaux qui ont servi au lavage.

2. D. Mais ces objets servent-ils indistinctement à ces divers usages?

R. Non, Monsieur; les uns servent à la propreté de la vaisselle et autres articles, avec lesquels les malades prennent leurs alimens ou leurs boissons; les autres sont destinés à laver tout ce qui tient aux déjections ou expectorations.

3. D. Expliquez-moi cette différence?

R. Il y a des vases destinés particulièrement au lavage des pots à tisane, pots à boire, écuelles, assiettes, cuillers, biberons, et qui servent également à laver les tablettes de lit et planchettes mobiles, et il y en a d'autres reservés uniquement pour les crachoirs, pots de chambre, chaises percées, bassines de lit et autres de cette nature.

4. D. Comment les distingue-t-on?

R. Quand ils ne sont pas de forme ou de couleurs différentes, on les distingue par une étiquette ou une marque quelconque assez visible, pour que le malade soit toujours persuadé qu'il n'y a et ne peut y avoir de confusion ou de méprise.

1. D. Quels sont, outre la vaisselle or-

dinaire des malades, les objets en étain affectés au service des salles?

R. Ce sont les biberons, bassins de lit,
urinoires et les seringues.

2. D. Comment se nettoient les biberons?

R. Les biberons se nettoient à l'eau chaude,
avec la précaution de passer toujours, dans
le tuyau, un petit morceau de bois garni
de linge, pour le dégager de tout ce qui
peut y séjourner et lui donner de l'odeur
et du goût.

3. D. Comment se nettoient les bassins
de lit et les urinoires?

R. On commence par dévisser le bou-
chon qui les ferme, et après les avoir vidés,
on les rince et on les passe à l'eau chaude,
jusqu'à ce qu'il n'y reste plus aucune odeur.

Les urinoires se vident, se rincent et se
lavent de la même manière.

4. D. Les seringues se nettoient-elles de
même?

R. Oui, Monsieur, avec cette différence
qu'il faut démonter la seringue tout entière
pour la nettoyer; l'on doit la dévisser avec
soin, tant pour enlever le canon que la
canule, et après avoir lavé toutes ses parties
séparément, il faut les bien essuyer intérieurement et extérieurement avant de les

remonter, en s'assurant bien exactement du bon état de chacune des pièces qui la composent, afin de pouvoir toujours s'en servir au besoin.

5. D. Quels sont les soins qu'exigent généralement les objets en étain?

R. L'étain exige beaucoup de propreté; mais il récompense du soin qu'on lui donne, par la facilité avec laquelle il reste propre, pour peu qu'on l'entretienne. Il suffit de le laver et essuyer avec précaution; jamais on ne doit le curer, ni avec du sable, ni avec des cendres, quelle que soit leur finesse, parce qu'il serait bientôt usé. Quand il est encrassé, noir ou taché, ce qui arrive presque toujours lorsqu'on l'a mal essuyé, on le frotte légèrement avec un peu de blanc, dit d'Espagne, broyé dans l'eau, et il reprend sa netteté ordinaire; il faut cependant n'employer que rarement ce moyen, que des soins soutenus peuvent rendre inutile.

1. D. A quoi servent les tables dans les salles?

*Tables, bancs, chaises, fauteuils.*

R. Elles servent à MM. les Officiers de santé, après la visite, pendant les pansemens, pour préparer quelques appareils, et, en tout temps, à écrire ce que le service exige.

Elles servent aux Infirmiers-majors, pour les notes, listes et rapports dont ils sont chargés.

Elles servent souvent aux Infirmiers, pour y déposer les tisanes qui doivent y être toujours à la disposition des malades.

Elles servent aux malades, pour y faire leur correspondance.

2. D. A quoi servent les bancs, chaises et fauteuils?

R. Les bancs servent à asseoir les malades autour des poëles ou des tables; ils servent aux Infirmiers pour déposer les fournitures, pendant qu'ils font les lits, pour ne pas embarrasser les lits voisins qui sont oc-cupés; ils servent encore à asseoir les ma-lades, pendant qu'ils prennent leurs bains de pieds.

3. D. Quel est l'usage des chaises et des fauteuils?

R. Les chaises et les fauteuils sont réservés pour asseoir les malades les plus *graves*, quand ils peuvent quitter leurs lits, pendant qu'on les leur fait, ou qu'ils prennent leurs bains de pieds, ou enfin pendant tout le temps qu'ils doivent être levés.

4. D. Quel soin exigent les bancs et les tables?

R. Il faut qu'ils soient toujours nets de poussière et bien essuyés, pour que jamais on n'y trouve d'eau, ni même d'humidité.

5. D. Comment les fauteuils et les chaises doivent-ils être entretenus ?

R. Tous les bois doivent être frottés, et il est urgent d'éviter de ne pas laisser mouiller la paille ou le jonc, qui, s'ils n'étaient pas séchés à temps, ne tarderaient pas à se pourrir.

6. D. Quels sont les soins généraux à prendre de ces divers objets ?

R. Il faut que généralement ces objets restent aux places qui leur sont assignées, à moins qu'on n'en ait besoin ailleurs, et, dans ce cas, c'est aux Infirmiers seuls à les transporter où ils sont nécessaires. On doit ne jamais laisser monter sur les bancs, encore moins sur les tables, fauteuils, ou chaises, et il faut éviter sur-tout que quelques individus accaparent ces derniers objets, pour leur usage particulier, au détriment de ceux auxquels ils sont nécessaires.

1. D. De quels vases se sert-on pour mettre les tisanes dans les salles ?



R. On les met quelquefois dans des brocs, dans des cruches, ou des bidons en fer-blanc.

2. D. Les brocs ou vases en bois conviennent-ils pour cet objet ?

R. Non, Monsieur; les vases en bois ne conviennent pas généralement pour cet usage; le bois, quelque bien entretenu qu'il soit, donne aux tisanes un goût désagréable; il en altère la qualité, et quand on est forcé de s'en servir, il ne faut pas les y laisser séjourner long-temps; on doit les laver très-souvent à l'eau chaude, en ayant soin ensuite d'y mettre de l'eau fraîche pendant quelque temps, pour détruire l'odeur ou la saveur que la tisane a pu faire contracter à ces vases.

3. D. Les cruches sont-elles préférables?

R. Oui, Monsieur; mais leur fragilité doit en faire éviter l'usage, parce que, continuellement fatiguées par les malades et les Infirmiers, qui toujours y puisent ou remettent de la tisane, elles se brisent facilement, se nettoient avec peine, et occasionnent, outre la dépense du remplacement, une perte fréquente de tisane.

4. D. Quels sont donc les vases qui conviennent le mieux?

R. Ce sont les vases en étain ou en fer-blanc, parce qu'ils sont moins fragiles, que les tisanes s'y conservent mieux, et qu'ils se nettoient plus vîte et plus facilement.

5. D. Quels soins réclament-ils?

R. Généralement tout ce qui contient des

alimens ou des boissons exige une très-grande propreté; il faut que tous les jours, au moins une fois, les bidons soient vidés, lavés, essuyés, et ne présentent dans l'intérieur, ni à l'extérieur, aucun dépôt, ni crasse, ni ordure, quelle qu'elle puisse être.

6. D. Est-il bien utile que tous les objets qui servent à meubler les salles y soient placés dans un ordre régulier et symétrique?

R. Oui, Monsieur; parce que la régularité et la symétrie plaisent à l'œil, et il faut que la vue soit, autant que possible, flattée à l'aspect d'une partie quelconque de l'hôpital, qui offre toujours assez d'objets pénibles à voir.

7. D. C'est donc seulement pour flatter la vue que vous observez la symétrie?

R. Non, Monsieur; ce motif n'est pas même le plus important : c'est le besoin continuel d'ordre qui exige cette régularité. Elle est nécessaire pour juger d'un coup-d'œil si chaque malade a ce qu'il lui faut, si ce qu'il a est en bon état; et cette vérification, qui est de tous les instans de la journée, qui est le devoir des Infirmiers, comme celui de tous les Officiers d'administration de l'hôpital, serait plus difficile, sans cette disposition symétriquement régulière.

# CHAPITRE VIII.

CHANGEMENT DE LINGE AUX MILITAIRES GRIÈVEMENT MALADES. — RENOUVELLEMENT DE LEURS LITS, ET MANIÈRE DE LES FAIRE.

1. D. Dans quel cas faut-il changer de linge, les malades grièvement affectés?

R. Quand leur linge est sale ou quand il est mouillé par suite d'une transpiration abondante.

2. D. Quelles sont alors les précautions à prendre?

R. Quand il y a un homme grièvement malade, il faut toujours consulter M. l'Officier de santé en chef, pour savoir quand il juge à propos qu'il soit changé.

3. D. Y aurait-il du danger à le changer de linge sans le consulter?

R. Oui, Monsieur; parce que le malade peut être hors d'état de supporter la fatigue de ce changement, ou parce que l'on peut s'exposer à arrêter une transpiration qu'il aurait été jugé nécessaire de provoquer, ou qu'il serait utile de prolonger.

4. D. Quand le changement du malade est indiqué, peut-on le faire de la même manière en toute saison?

R. Non, Monsieur ; quand la saison est froide et humide, il faut beaucoup plus de précautions que quand le temps est chaud.

5. D. Comment faut-il faire dans les temps froids et humides?

R. Il faut d'abord s'assurer qu'il n'y a ni croisées, ni portes ouvertes dans la direction du lit du malade, afin d'éviter qu'il soit exposé à un courant d'air.

6. D. Y a-t-il plus de précautions à prendre, quand il faut lui changer le linge de lit et de corps, que quand il n'a besoin que de changer de chemise et de coëffe?

R. Oui, Monsieur, bien certainement ; car quand il n'y a à changer que la chemise et la coëffe, il suffit d'éviter les courans d'air, d'avoir du linge bien sec et chaud, quand il fait froid, et de lui passer l'une après l'autre, la coëffe d'abord, avant de le lever, et la chemise ensuite, après avoir essuyé doucement le malade, si le temps le permet.

7. D. Comment s'y prend-on pour faire ce changement, sans fatiguer le malade?

R. On commence par retirer de dessous le malade la chemise sale ou mouillée, en la relevant doucement sous le dos :

on la lui ôte alors, en le soulevant avec précaution, et on lui passe immédiatement l'autre, qu'on descend ensuite et qu'on place sous le corps, avec toutes les précautions convenables pour ne pas le découvrir et l'exposer au froid.

8. D. Ne faut-il pas être deux pour faire ce changement?

R. Quand le malade peut s'aider un peu, une seule personne suffit; mais quand le malade est trop faible ou dans le délire, il faut être deux, et celui qui retire la chemise sale ou mouillée, soutient le malade, pendant que son camarade passe la chemise propre.

9. D. Quand il est nécessaire de changer en même temps le linge de corps et de lit, comment opère-t-on ?

R. Il faut toujours, dans ce cas, deux personnes, et si l'un des deux lits voisins n'est pas vacant, l'on doit avoir un lit de sangle, ou au moins un brancard, sur lequel on met d'abord un matelas, et ensuite le malade, qu'on enlève avec ses draps et la couverture; on ôte ensuite son matelas, qu'on retourne en le pliant en deux, s'il n'est pas mouillé, et on le place sur le pied d'un lit voisin, mais de manière à ne pas gêner le malade qui y serait couché ; si le matelas est mouillé, on le change ; on dispose alors sa paillasse convenablement, en relevant les parties affaissées et l'arrangeant de manière à ne laisser ni enfoncement ni élévation ; on replace ensuite le matelas, et on y met des draps propres, secs et chauds, si l'on en a.

10. D. Si l'on n'en a pas, comment fait-on ?

R. On y met des draps propres et secs, et, s'il fait froid, on les recouvre avec une des deux couvertures du malade, et on bassine son lit ; c'est seulement quand le lit est chaud, qu'on retire, avec précaution, le malade de dedans son ancien linge, et qu'on le place dans son lit, auquel on ajoute alors la seconde couverture.

11. D. Vous n'avez, jusqu'à présent, changé que les draps du malade ; comment faites-vous pour le linge de corps ?

R. Immédiatement après que *le* malade est replacé dans son lit, on lui passe la chemise et la coëffe, ainsi que je viens de le dire tout-à-l'heure, mais avec la précaution de ne les donner que bien sèches et chaudes.

12. D. Comment faites-vous pour avoir le linge sec et chaud ?

R. Le linge doit toujours être sec ; car s'il ne l'était pas complètement en sortant du magasin, le premier soin de l'Infirmier-major serait de le faire étendre, pour achever de le sécher ; il ne reste donc qu'à le faire chauffer, et quand il n'y a pas d'armoire ou de foyer disposé pour cet objet, on en fait chauffer auprès du poële ou de tout endroit où il y a du feu.

13. D. Supposons un instant qu'il n'y ait pas de feu dans la salle : comment feriez-vous?

R. Je chercherais à en trouver dans le voisinage, ne fût-ce qu'aux bains, ou je me servirais de la bassinoire, comme pour le lit, en la passant sur la chemise, jusqu'à ce qu'elle fût chaude.

14. D. Si vous alliez la faire chauffer ailleurs, comment feriez-vous pour qu'elle ne se refroidît pas en la rapportant ?

R. Je l'envelopperais dans une capote, un pantalon, ou toute autre étoffe de laine, ou je la placerais sous ma veste.

15. D. C'est très-bien ; mais je suppose que vous ne puissiez trouver même de bassinoire ?

R. Alors je placerais, à l'avance, les draps, chemises ou coëffes, entre les deux couvertures d'un ou plusieurs des moins malades couchés, auxquels j'en demanderais la permission, en leur en disant le motif, et j'obtiendrais, par là, ce que je n'aurais pu me procurer autrement.

16. D. Très-bien ; mais si vous étiez seul pour changer un grand malade, ou si vous en aviez plusieurs à la fois, quel moyen emploieriez-vous ?

R. Si j'étais seul, et que je crusse ne pas pouvoir y suffire, je prierais un camarade d'une autre salle de m'aider, ou je réclamerais le secours de quelque convalescent ; mais je m'arrangerais toujours de manière à avoir du linge chaud, parce que je suis convaincu du mal que le linge froid peut faire à un homme grièvement malade.

---

## CHAPITRE IX.

### TRANSPORT DES MALADES.

1. D. Comment doit se faire le transport d'un malade ?

R. Avec toutes les précautions nécessaires pour ne pas aggraver son état.

2. D. Quels sont les meilleurs moyens de le transporter ?

R. Ce sont les voitures suspendues, les brancards, les fauteuils ou les chaises.

3. D. La voiture convient-elle toujours?

R. Non, Monsieur : elle ne convient pas ordinairement, quand il y a une fracture ou une blessure grave.

4. D. Dans ce cas, quel moyen emploie-t-on?

R. On place le blessé sur un brancard ou sur une chaise.

5. D. Comment le place-t-on sur un brancard?

R. Si le brancard est élastique, on couche le malade, de manière à ce qu'il soit étendu sur le dos, et que le membre blessé ou fracturé repose à la distance et à la hauteur auxquelles le membre souffre le moins.

S'il n'est pas élastique, on le couvre d'un matelas, si l'on peut s'en procurer un, et si l'on n'en a pas, on le remplace par de la paille, du foin, ou toute autre matière moëlleuse, au moins sous la partie malade.

6. D. Comment se porte le brancard?

R. Deux hommes le portent avec des cordes, courroies ou bretelles, ou simplement avec les mains, les bras tendus.

7. D. Quelles sont les précautions à prendre quand on a des bretelles ou objets qui en tiennent lieu?

R. Il faut qu'elles soient disposées, alongées ou raccourcies, selon la taille des porteurs, de manière que le malade soit toujours de niveau.

8. D. Comment fait-on quand les deux porteurs sont de taille différente et n'ont pas de bretelles ?

R. Le plus petit porteur se met aux pieds, et le plus grand à la tête.

9. D. Ces précautions suffisent-elles ?

R. Non, Monsieur ; il faut que les deux porteurs marchent exactement au pas, qu'ils évitent tout ce qui peut le leur faire perdre, et qu'ils s'arrètent au moindre obstacle, en se prévenant mutuellement, pour éviter toute secousse au blessé.

10. D. Comment s'y prend-on pour transporter un malade ou blessé sur une chaise ?

R. On place le malade le plus commodément possible, avec les bras sur les épaules des porteurs, qui prennent chacun, par la main la plus rapprochée de la chaise, ou le bâton de traverse de derrière, au-dessous du siége, ou une des traverses latérales, et emploient la main qui leur reste libre à soutenir la chaise ou le malade par devant.

11. **D.** Ne pourrait-on pas se servir de bâtons pour soutenir et porter la chaise?

**R.** Oui, Monsieur, si on a le temps d'assujétir sous le siége de la chaise deux bâtons assez éloignés l'un de l'autre pour qu'un homme puisse se placer entre les deux : alors les deux bâtons produiront l'effet d'un brancard; mais il faut, pour cela, que les bâtons soient placés dans une direction parallèle au malade, pour que les porteurs soient l'un devant et l'autre derrière lui, et il faut aussi qu'un homme soit placé près du malade, pour le soutenir.

12. **D.** Le fauteuil est-il préférable à la chaise?

**R.** Oui, Monsieur; d'abord, parce que le malade y est mieux soutenu, à cause des bras sur lesquels il peut s'appuyer; ensuite, parce que le fauteuil étant ordinairement plus large, le malade y est plus commodément et donne plus d'aisance aux porteurs, soit pour y adapter des bâtons en guise de brancards, soit même pour le porter seulement avec les mains.

13. **D.** Ces diverses manières de porter les malades exigent-elles toujours de marcher au pas?

**R.** Oui, Monsieur; de quelque manière

qu'on porte un malade, il faut toujours que les porteurs marchent au pas, et ils ne peuvent le quitter sans l'exposer à souffrir beaucoup.

14. D. Quels sont les soins qu'exigent les malades ou blessés qu'on transporte?

R. Il faut, autant que possible, les garantir du froid, du soleil et de la pluie, en les couvrant avec ce qu'on peut trouver pour les y soustraire; on doit aller aussi doucement que la situation du malade peut le réclamer, s'arrêter quand il le désire, et faire toujours à lui d'autant plus d'attention, qu'il est moins en état de faire connaître ses besoins.

15. D. Ne peut-on pas porter un malade sur un brancard dont les bras sont placés sur les épaules de quatre hommes?

R. Oui, Monsieur, on le peut; mais ce mode est dangereux et on doit l'éviter.

16. D. En quoi est-il dangereux?

R. Il est dangereux par plusieurs motifs: 1° le malade se trouve placé ainsi à une trop grande hauteur, qui l'expose, en cas d'accident, à une chute funeste;

2° Cette même hauteur donne au malade lui-même des inquiétudes fondées, qu'il faut éviter de joindre à ses douleurs;

3° Parce que, pour porter un brancard à l'épaule, il faut quatre hommes de taille égale, bien au pas, et que, dans les passages difficiles, quatre hommes tiennent plus de place que deux.

17. D. Quels sont donc les moyens les plus commodes ou les plus faciles, pour transporter un malade à l'hôpital ?

R. Ce sont, d'abord, le brancard élastique, ensuite le portoir-regnier.

---

## CHAPITRE X.

### Médicamens laissés a la disposition des malades.

1. D. Quels sont les médicamens laissés à la disposition des malades ?

R. Ce sont les tisanes, les potions, les collyres, les gargarismes, les collutoires, les injections, les fomentations, les linimens, les lotions et les cataplasmes.

2. D. Quels sont, parmi ces médicamens, ceux que les malades doivent prendre intérieurement ?

R. Ce sont les tisanes, les potions, les purgatifs, les bols ou pillules.

3. D. Quelles sont ceux qui ne doivent pas se prendre intérieurement?

R. Ce sont les collyres, les gargarismes, les collutoires, les injections, les fomentations, les linimens, les lotions et les cataplasmes.

4. D. Qu'entendez-vous en disant qu'ils ne doivent pas se prendre intérieurement?

R. J'entends que ceux même qui doivent être pris par la bouche, tels que les gargarismes, ne doivent pas être avalés.

5. D. Comment doivent se prendre les tisanes, à quelle température et à quels intervalles?

R. Les tisanes forment la boisson des malades dans les intervalles des distributions; leur température et la fréquence des boissons varient, suivant la prescription du Médecin.

6. D. Quelles sont les tisanes les plus ordinaires?

R. Ce sont la tisane commune, les infusions, décoctions, les limonades et l'eau gommeuse.

7. D. Quelles sont, parmi ces boissons, celles qu'il est plus essentiel de tenir toujours chaudes?

R. Ce sont celles que l'on appelle tisanes

4 *

sudorifiques; c'est-à-dire, celles destinées à provoquer ou entretenir la sueur ou transpiration, telles que des infusions ou décoctions de patience, de fleurs de tilleul, de salse-pareille, ou autres, qui sont prescrites dans cette intention.

8. D. Les tisanes sudorifiques sont-elles les seules qui doivent être entretenues tièdes?

R. Non, Monsieur; il faut que les Infirmiers s'attachent à bien saisir les prescriptions des médecins dans les maladies graves, parce que souvent la température des boissons peut hâter, retarder ou empêcher même quelquefois la guérison des malades.

9. D. Quelles sont celles qui peuvent généralement être prises froides?

R. Ce sont les limonades, sur-tout la limonade minérale.

10. D. La limonade minérale n'exige-t-elle pas quelques précautions particulières?

R. Oui, Monsieur : 1° la limonade minérale ne doit jamais être mise dans des vases de terre vernissés, mais dans des vases de verre, de fayence ou de grès;

2° On ne doit la prendre ou la donner qu'à des intervalles d'une demi-heure au moins;

3° Il faut avoir soin d'agiter ou remuer la limonade *tartro-boratée*, toutes les fois qu'on en donnera aux malades.

11. D. Quels sont généralement les intervalles auxquels doivent être prises les tisanes?

R. La fréquence des boissons est ordinairement proportionnée à la soif des malades : ceux qui sont plus altérés doivent boire plus souvent ; mais, en général, pour qu'une boisson puisse produire un bon effet, il faut qu'elle soit prise souvent et à petites doses ; cependant, comme l'Infirmier ne donne à boire qu'aux malades le plus grièvement affectés, puisque les autres le font eux-mêmes et à leur volonté, il est toujours utile et même nécessaire que l'Infirmier prenne les ordres du Médecin pour la manière de faire boire les malades qui ont besoin de son secours.

12. D. Comment fait-on boire les malades qui ne peuvent pas se soulever eux-mêmes pour prendre leur boisson?

R. Si le malade peut s'aider un peu, on le soutient pendant qu'il boit, pour qu'il le fasse avec quelque facilité ; mais s'il ne le peut pas, et qu'il soit possible de le soulever, sans qu'il en souffre, alors l'Infirmier, après avoir préparé et mis à sa portée la boisson dans le pot à boire, soulève avec précaution le malade par les épaules, derrière lesquelles il lui passe un bras, pour avoir libre celui avec lequel il lui donne à boire; quand le malade a bu, il lui replace doucement la tête sur son traversin, et lui arrange son lit, de manière à ce qu'il y soit toujours commodément.

13. D. Si le malade est dans un état tel qu'il ne puisse être remué sans douleur ou sans danger pour lui, comment fait-on?

R. Dans ce cas, on lui donne de la tisane dans un biberon qu'on incline avec beaucoup d'attention, pour que la boisson lui arrive dans la bouche avec la mesure convenable, et afin qu'il puisse l'avaler sans fatigue et sans effort, ce qui n'aurait pas lieu si on lui en versait trop ou trop peu à la fois.

14. D. Si le malade refuse de boire, comme cela arrive quelquefois, comment peut-on lui introduire quelque boisson?

R. C'est dans ce cas que l'Infirmier doit user de beaucoup de patience et d'adresse; il emploiera tous les moyens de persuasion en son pouvoir, si le malade a quelque connaissance. Si le malade est dans le délire, il doit profiter d'un moment où il ouvre la bouche et desserre les dents, pour y introduire un petit tampon de linge, jusqu'à ce qu'il ait pu lui verser quelques gouttes de boisson ; et si, enfin, tous les moyens qu'il emploie sont inutiles, il lui serre doucement les parties molles du nez, pour l'obliger à respirer par la bouche, et il saisit l'instant de l'ouverture pour le faire boire, toujours en évitant de lui en verser trop à la fois, ce qui provoquerait la toux et empêcherait la déglutition.

15. D. Y aurait-il quelque danger à ce qu'un malade reçût une tisane autre que celle qui lui est prescrite ?

R. Oui, Monsieur, il peut y avoir du danger si on lui donne une tisane contraire à celle qui lui est prescrite ; et, dans tous les cas, il y aurait toujours un grand inconvénient à lui en donner une autre : c'est pourquoi il est essentiel d'éviter en cela toute erreur ou méprise.

16. D. Quel est le plus sûr moyen de les éviter ?

R. C'est d'avoir soin que tous les pots à tisane portent exactement le numéro du lit qu'occupe le malade, parce que, s'il y a quelque changement, il est alors facile de s'en apercevoir.

17. D. Qu'est-ce qu'une potion?

R. La potion est un médicament liquide qu'on délivre ordinairement, en petit volume, dans des fioles ou courtines de verre.

18. D. Quelles sont les espèces de potions qui sont le plus communément prescrites?

R. Ce sont les potions pectorales;

| *Idem* | gommeuses; |
| *Idem* | anodines; |
| *Idem* | de quinquina; |
| *Idem* | les loochs blancs. |

19. D. Comment se prennent les potions?

R. Elles se prennent en une seule fois, ou, le plus souvent, par petites portions, à des intervalles fixés, déterminés par le Médecin et indiqués par le Pharmacien.

20. D. Comment l'Infirmier peut-il les distinguer?

R. L'Infirmier doit, pour les potions, de même que pour les tisanes, et généralement pour tous les médicamens laissés à sa disposition, ou, ce qui revient au même, à celle des malades, être très-attentif aux prescriptions, et, pour peu qu'il doute, consulter le Chirurgien ou le Pharmacien de garde.

21. **D.** Quels sont les devoirs des Infirmiers, en ce qui est relatif aux potions ?

**R.** Les Infirmiers doivent surveiller les malades auxquels il est prescrit des potions, afin 1° de les engager à les prendre aux doses et aux intervalles prescrits, ce qu'ils hésitent à faire quand elles ne sont pas agréables ; 2° de les empêcher de les prendre en une seule fois, quand elles le sont ; 3° de s'assurer qu'ils n'en font pas un objet d'échange ou de commerce ; 4° enfin, de les leur faire prendre quand ils ne le peuvent pas eux-mêmes.

22. **D.** Dans ce cas, peuvent-ils ou doivent-ils employer les mêmes moyens que pour les tisanes ?

**R.** Non, Monsieur : il faut, autant que possible, éviter de soulever le malade ; il suffit quelquefois de soulever légèrement la tête ; on n'emploie point de biberons pour les potions ; le col de la fiole en tient lieu, ou, si son emploi est trop difficile, on se sert de sa cuiller.

23. **D.** Par qui s'administrent les purgatifs ?

**R.** Ce sont ordinairement MM. les Pharmaciens qui les font prendre.

24. **D.** Quelles sont, dans ce cas, les obligations des Infirmiers ?

R. Elles varient suivant la nature des purgatifs administrés.

25. D. Quelles sont ces différences ?

R. Les unes sont relatives aux soins qu'exigent les malades auxquels ils sont administrés ; les autres, aux résultats qu'ils doivent produire.

26. D. Quels sont les soins à donner aux malades auxquels il a été administré des purgatifs ?

R. Ce sont les boissons qu'ils doivent prendre pour en faciliter l'effet, quand ils ont commencé à agir, telles que les bouillons aux herbes, pour les purgatifs destinés à agir par le bas, et l'eau tiède pour les autres.

27. D. Quand et comment ces boissons doivent-elles être données aux malades ?

R. Les premières consistent en bouillons aux herbes, qui doivent être préparés à la cuisine, excepté dans les cas particuliers où la pharmacie peut en être chargée ; les bouillons aux herbes sont délivrés aux malades, dans la proportion d'un quart de litre, de demi-heure en demi-heure, en commençant après la première évacuation, et en continuant pendant trois heures environ.

Les secondes, destinées à ceux auxquels

il a été administré des vomitifs, consistent en de l'eau tiède, qui ne doit être donnée qu'une demi-heure après la dernière dose, et qui doit être continuée, de quart-d'heure en quart-d'heure, dans la proportion d'un huitième de litre, pendant tout le temps que dure le vomissement.

28. D. Quelles sont les précautions qu'exigent les résultats de ces médicamens?

R. L'on doit préparer des chaises percées à côté du lit du malade dont la purgation doit opérer par le bas, s'il est en état de se lever, ou un bassin, si le malade est hors d'état de sortir de son lit.

Si le malade a pris un vomitif, outre les précautions ci-dessus, il faut y ajouter un pot de chambre, qu'on a soin de bien laver auparavant, pour qu'il ne puisse occasionner aucune répugnance au malade, déjà trop fatigué par les nausées; un bassin de chaise percée est préférable, mais il faut qu'il soit tellement propre, qu'on puisse le considérer comme n'ayant jamais servi.

29. D. Vous avez raison : on ne peut prendre trop de précautions pour diminuer chez les malades la répugnance naturelle pour tout ce qui n'a rien d'agréable par soi-même : il faut sans cesse se supposer à

leur place ; c'est le plus sûr moyen de leur être vraiment utile. Passons maintenant aux bols ou pillules : qu'entendez-vous par là ?

R. Les bols ou pillules sont des médicamens solides, en forme de petites boules, qui doivent se prendre à différens intervalles indiqués, et qu'il est essentiel d'observer exactement ; car il en est qu'il serait dangereux de prendre sans les intervalles prescrits, qui sont, d'ailleurs, nécessaires pour que les médicamens puissent produire leurs effets.

30. D. Comment prend-on les bols ou pillules ?

R. On les avale entièrement ; mais il faut, comme cela n'est pas sans difficultés pour certains malades, que les Infirmiers les guident dans la manière de les prendre ; car il est fort désagréable de les laisser séjourner, fondre ou s'écraser dans la bouche ; souvent alors la répugnance les fait rendre, même involontairement, et le malade éprouve ensuite un dégoût qui les lui fait repousser.

31. D. Quel est donc le moyen qui paraît le plus propre à leur en faciliter la déglutition ?

R. Comme ce sont MM. les Pharmaciens qui les font prendre ordinairement, devant eux, quand les pillules sont en petite quantité, l'Infirmier doit bien retenir les conseils qu'ils donnent aux malades; mais quand ces pillules sont plus nombreuses, l'Infirmier devant veiller à ce que les malades les prennent, il doit aussi leur en faciliter les moyens. Il est utile de leur faire boire d'abord un peu de tisane, pour leur humecter la gorge, et si les malades ne savent ou ne peuvent pas faire glisser la pillule, il peut se procurer un pruneau ou partie de pruneau, au milieu de laquelle la pillule devra facilement passer.

32. D. Qu'est-ce qu'un gargarisme?

R. C'est un médicament liquide qui, dans les maux de bouche ou de gorge, sert à humecter l'une ou l'autre; mais qui, après y avoir été gardé le plus possible, doit se rejeter.

33. D. Y aurait-il du danger à avaler un gargarisme?

R. Il peut y en avoir de dangereux, et comme ni le malade, ni l'Infirmier ne savent les distinguer, il convient de prendre des précautions pour n'en pas avaler.

34. D. Comment faut-il faire pour que ce médicament soit utile?

R. Il faut que le gargarisme puisse séjourner le plus long-temps possible sur la partie malade, ou parcourir successivement toute la bouche, si elle en a besoin, et il suffira au malade d'incliner la tête de manière à faire arriver le gargarisme sur la partie qu'il voudra humecter, jusqu'à ce qu'il ait saisi la manière de le faire par le seul mouvement de la langue ou le jeu de l'air dans la bouche.

35. D. Qu'entendez-vous par collutoires?

R. Les collutoires sont des médicamens plus ou moins liquides ou épais, principalement destinés pour les maladies de la bouche.

36. D. Comment en fait-on usage?

R. On en imprègne un petit plumasseau de charpie fixé à l'extrémité d'un petit bâton, et l'on en fait ainsi un pinceau que l'on passe légèrement sur les gencives, les aphthes et les ulcères, pour les laver et les déterger.

37. D. Qu'est-ce qu'une injection?

R. On appelle ainsi des médicamens liquides de plusieurs espèces, destinés à être introduits dans certaines cavités, au moyen d'une seringue.

38. D. Par qui sont faites les injections?

R. Elles se font par les malades eux-mêmes, quand ils le peuvent, et à leur défaut, par les Infirmiers.

39. D. Dites-moi, je vous prie, ce qu'on appelle fomentation ?

R. On appelle fomentation un médicament destiné à être appliqué à l'extérieur.

40. D. Y a-t-il plusieurs espèces de fomentations ?

R. Oui, Monsieur; il y a des fomentations sèches et des fomentations humides.

41. D. Quelles sont les fomentations sèches ?

R. Ce sont celles composées avec des substances pulvérulentes, telles que cendres, son, fleurs de sureau et de camomille pulvérisées, etc., qu'on enferme dans des sachets et qu'on applique chaudes sur la partie malade.

42. D. Quelles sont les fomentations humides ?

R. Elles se composent de divers liquides, tels que l'eau, le vin, les infusions aromatiques, les décoctions émollientes, etc., dont on imprègne des morceaux de flanelle ou de molleton, pour les appliquer chaudes sur différentes parties du corps, selon la prescription, et qu'on a soin de renouveler, dès qu'elles commencent à se refroidir.

43. D. N'y a-t-il pas un moyen d'en retarder le refroidissement ?

R. Oui, Monsieur, en les recouvrant d'un morceau de toile cirée, ou d'un taffetas gommé ; mais on ne doit pas en faire l'emploi sans l'avis du Médecin.

44. D. Qu'est-ce qu'un liniment ?

R. Un liniment est un médicament gras et huileux, qui s'applique par friction sur la peau.

45. D. Comment l'applique-t-on ?

R. On se sert d'un morceau de linge ou d'étoffe de laine, sur lequel on verse une certaine quantité du liniment ; on frotte légèrement sur la peau, et après la friction, on y laisse la pièce imbibée dont on s'est servi.

A défaut de toile ou d'étoffe, on se sert de la main.

46. D. Dites ce que vous entendez par lotion ?

R. Ce sont des médicamens liquides destinés à laver certaines parties du corps ou certaines plaies, pour les nettoyer et amener des changemens salutaires.

47. D. Comment se font les lotions ?

R. Pendant les pansemens, les lotions se font par MM. les Chirurgiens ; mais quand elles doivent être renouvelées à d'autres heures, elles se font par les malades eux-mêmes, s'ils en ont la force, ou par les Infirmiers, qui doivent bien observer comment les Chirurgiens les ont faites, afin d'opérer exactement de même. Chaque lotion doit varier suivant les circonstances, et il est essentiel que quand les Infirmiers en sont chargés, ils s'informent et se fassent enseigner comment ils doivent les faire.

48. D. Qu'est-ce qu'un cataplasme ?

R. C'est un médicament d'une matière molle et pulpeuse, qui s'applique chaud ou tiède sur différentes parties du corps, afin d'y entretenir une certaine humidité.

49. D. Par qui se préparent les cataplasmes ?

R. Ils se préparent à la pharmacie, mais ils s'y délivrent froids, et ce sont les Infirmiers qui doivent les réchauffer.

50. D. Comment les réchauffe-t-on ?

R. On les réchauffe de deux manières; la première consiste à mettre la matière du cataplasme dans un vase quelconque de terre, de grès, de fer ou de cuivre étamé qu'on met sur le feu, en ayant soin de la remuer continuellement, pour qu'elle ne s'attache ni ne se brûle. La seconde consiste à étendre le cataplasme sur un linge, et quand il est prêt à être appliqué, on le place sur une plaque de tôle qu'on expose au-dessus du feu, jusqu'à ce que le cataplasme ait acquis la chaleur convenable.

51. D. Vous avez parlé des injections; mais vous ne m'avez rien dit des lavemens : pourriez-vous me faire connaître ce qu'on entend par ce mot ?

R. On appelle lavement un médicament liquide, qui s'injecte dans l'anus, au moyen d'une grande seringue.

52. D. Quels sont ceux qui ordinairement délivrent les lavemens ?

R. Ce sont, ou les Infirmiers employés à la pharmacie, ou ceux en service dans les salles.

53. D. Il y a des personnes qui répugnent à donner des lavemens : leur répugnance est-elle fondée ?

R. Non, Monsieur; rien de tout ce qui peut contribuer à soulager un homme souffrant, ne doit répugner à un honnête homme.

54. D. Vous avez d'autant plus raison, qu'avec une répugnance mal fondée, on dédaigne certaines parties de ses devoirs, on se fait mal juger par ses chefs et par ses camarades, et on se prive du mérite

d'une bonne action et de la satisfaction de l'avoir faite. Rougissons donc de la répugnance, comme d'une chose honteuse, et voyons d'abord ce que c'est qu'une seringue?

R. Une seringue est une petite pompe en étain, de la contenance d'un litre environ, et composée 1° d'un manche qui sert aussi de piston, 2° d'un corps de pompe nommé canon, avec son couvercle, assemblé par un pas de vis, 3° enfin d'une canule.

55. D. Décrivez le manche?

R. Le manche de la seringue est du même morceau que le piston qui en est le prolongement : il porte à son extrémité deux rondelles d'étain, de la dimension exacte du diamètre intérieur du canon, et éloignées l'une de l'autre de 2 à 3 centimètres. Ces deux rondelles se remplissent de filasse, de chanvre, lin, laine ou feutre, et forment le piston qui est destiné à refouler le liquide à l'extérieur de la seringue.

56. D. Qu'est-ce que le canon?

R. C'est un cylindre creux qui forme le corps de la seringue et qui contient le liquide et le piston.

57. D. Qu'est-ce que la canule?

R. C'est un petit tube en étain qui se visse

5

sur l'extrémité du canon, ou en bois garni de chanvre qui entre dans cette extrémité et que l'on doit forcer un peu pour le faire tenir solidement ; la canule, placée dans l'anus, sert à introduire le lavement dans le corps de celui à qui on le délivre.

58. D. Comment se prépare la seringue pour administrer un lavement ?

R. Il faut toujours qu'elle soit entretenue avec une grande propreté, intérieurement et extérieurement. Quand on a besoin de s'en servir, on s'assure si elle est en bon état, et si le chanvre qui recouvre le piston remplit bien tout le diamètre intérieur du corps ou canon de la seringue. On vérifie si elle a un jeu facile, et on l'adoucit, s'il est trop dur, en passant un peu de beurre ou de graisse sur le chanvre qui garnit le piston. Après toutes ces précautions, on dévisse le couvercle et on enlève le piston pour remplir le canon avec le médicament liquide qui compose le lavement, et quand il est rempli, on replace le piston et on ferme le couvercle en le vissant.

59. D. Quand la seringue est ainsi préparée, comment se donne le lavement ?

R. On a soin de graisser un peu la canule avec du beurre, de la graisse ou de l'huile, et on l'introduit doucement dans l'anus, en tournant légèrement à droite et à gauche successivement; quand elle est entièrement introduite, on tient fortement le canon de la seringue d'une main, tandis qu'on pousse fortement le piston de l'autre, jusqu'à ce qu'il ait gagné le fond de la seringue, qu'on a soin de retirer avec précaution, pour ne pas blesser le malade.

60. D. N'y a-t-il pas quelque précaution à prendre pour que le lavement puisse pénétrer dans le corps du malade?

R. Oui, Monsieur; il faut recommander au malade de ne pas retenir son haleine; car s'il la retenait, le lavement n'entrerait pas.

61. D. Quand le lavement est délivré, que doit faire le malade?

R. Il doit rester couché ou assis, sans faire de mouvement, pour que le remède puisse séjourner quelque temps dans les intestins, et y opérer l'effet qu'on doit en attendre.

# CHAPITRE XI.

## Propreté des salles.

1. D. En quoi consiste la propreté des salles ?

R. Elle consiste, non-seulement dans le soin que prennent les Infirmiers, des murs, planchers, plafonds, croisées et portes, mais encore dans la tenue en bon état de tous les objets mobiliers qu'elles contiennent.

2. D. Quels sont les soins qu'exigent les murs ?

R. Il faut 1° n'y rien laisser tracer, soit avec du charbon, des crayons, ou autres objets colorans, soit avec des instrumens tranchans ou pointus ;

2° Empêcher les malades d'y cracher ou d'y jeter aucune mal-propreté.

3° Les épousseter pour n'y laisser ni poussière, ni toiles d'araignées ;

4° Enfin ne pas les salir en balayant ou lavant les salles.

3. D. Comment s'entretient la propreté des planchers ?

R. Elle s'entretient 1° par l'attention soutenue de n'y pas laisser cracher, jeter ni eau, ni tisanes, ni bouillon, ni autres objets susceptibles de les mouiller ou de les tacher, en s'y écrasant ou s'y éparpillant ;

2° Par des balayages fréquens et des lavages rares.

4. D. Comment peut-on empêcher les malades de cracher sur le plancher ou pavé des salles ?

R. En les prévenant tous, à mesure qu'ils entrent, qu'il est essentiel, dans leur intérêt, de se servir de leurs crachoirs ; en le leur répétant souvent ; en tenant leurs crachoirs propres ; en mettant de grands crachoirs en bois, remplis de sciure ou de sable, dans le voisinage des poëles ou des tables, et en plaçant des draps-crachoirs sur le lit des hommes dont les expectorations sont fréquentes ou abondantes, ou auxquels leur état ne permet pas de prendre leurs crachoirs.

5. D. Croyez-vous que ces moyens suffisent ?

R. Quand ils seront employés avec toute l'attention convenable, la plupart des malades s'y conformeront, et l'on rendra compte de ceux qui s'y refuseront : c'est un objet de trop grande importance, pour que les Infirmiers puissent le négliger, dans leur propre intérêt.

6. D. Vous avez dit plus haut qu'il était dans l'intérêt des malades de ne pas cracher ailleurs que dans leurs crachoirs: pourrez-vous m'expliquer en quoi ils y sont intéressés?

R. Oui, Monsieur, et nous devons faire sans cesse observer aux malades, que, si quelqu'un d'entr'eux crache par terre, les autres le feront, et qu'outre le désagrément de ne laisser tomber ni mouchoir, ni bonnet, ni aucun linge ou effet, sans le relever couvert de crachats, ces mêmes crachats inspirent le dégoût, rendent le plancher glissant, et ajoutent, par leur évaporation, à la corruption de l'air.

7. D. Ce que vous dites est juste : cette précaution est dans l'intérêt du malade; mais en quoi est-elle aussi dans le vôtre?

R. C'est qu'en évitant la multiplicité des crachats, la propreté en devient plus facile pour les Infirmiers, car c'est la chose la plus pénible et la plus désagréable à nettoyer.

8. D. Si l'on parvient à éviter les crachats, si on ne répand ou jette rien qui puisse salir le plancher, la propreté doit

être facile; mais comment éviter qu'on y laisse tomber quelque chose?

R. Ceci est encore un soin dans lequel il faut le concours des malades et des Infirmiers.

9. D. Comment le concours des malades y est-il indispensable?

R. Il faut nécessairement que le malade prenne l'habitude de ne rien jeter ailleurs que dans son pot de nuit, soit qu'il ait rincé ou vidé quelque vase, soit qu'il se soit lavé, soit enfin qu'il ait voulu se débarrasser de quelque chose, avant, pendant ou après les pansemens ou les distributions.

10. D. Comment peut-on les engager à prendre cette habitude?

R. C'est en s'occupant, sans se rebuter jamais, de les convaincre de la nécessité de prendre ces précautions; c'est en leur en faisant sentir les avantages et en leur exposant que ce soin, qui, pour chaque malade, ne serait rien, donne aux Infirmiers un surcroît d'ouvrage, et leur prend un temps qui est enlevé au soulagement des plus souffrans.

11. D. Parmi les moyens de propreté pour les planchers, vous indiquez des balayages fréquens; combien en faut-il dans la journée?

R. Il en faut au moins six, savoir : avant les visites, après les pansemens, après la distribution du matin, après les grands travaux de propreté de l'après-midi, après les pansemens et après la distribution du soir; mais il n'en faut pas moins balayer toutes les fois qu'on remarque quelque malpropreté.

12. D. Comment doivent se faire les balayages pour contribuer efficacement à la propreté et ne pas incommoder les malades?

R. Quand on balaie, il faut 1° le faire à fond, c'est-à-dire, sous les lits, sous les tables de nuit, le long des murs, dans tous les angles;

2° Eviter d'agiter la poussière, afin qu'elle ne vole pas sur les lits ou dans la salle.

13. D. Comment doit-on s'y prendre pour faire le moins de poussière possible?

R. Celui qui balaie doit faire glisser le balai sur le plancher, en appuyant un peu, s'arrêter à la distance indiquée par la longueur des bras, relever le balai, non en poussant les balayures en avant, mais en le retirant à soi, de manière à n'attaquer à la fois qu'un espace d'un pas en carré, et à avancer ainsi successivement, en ne laissant aucune ordure derrière lui.

14. D. Ne convient-il pas d'arroser avant de balayer?

R. Il faut, autant que possible, n'arroser qu'après avoir balayé, quand on est assez sûr de soi pour éviter d'élever la poussière, parce que les arrosemens antérieurs rendent le balayage plus difficile, en ce qu'ils délaient la poussière sur le pavé ou sur le plancher, et exigent plus d'efforts pour l'en détacher; mais quand on est trop pressé, on peut arroser auparavant, en ayant soin de le faire légèrement et avec très-peu d'eau.

15. D. Pourquoi avez-vous dit qu'il fallait des balayages fréquens et des lavages rares?

R. Les balayages fréquens sont les meilleurs moyens de propreté, en ce qu'ils sont plus prompts, plus faciles, et offrent moins d'inconvéniens que les lavages.

16. D. Quels sont ces inconvéniens?

R. Outre la longueur et la fatigue des lavages, il en résulte un surcroît d'humidité qui peut être nuisible à quelques malades, et plus encore à la solidité du bâtiment, quand ils ne sont pas faits avec les précautions nécessaires.

17. D. Comment doivent-ils être faits pour ne pas présenter ces inconvéniens?

R. Ils doivent être faits avec très-peu d'eau et avec des brosses, jamais avec des balais, ni à grande eau.

18. D. De quelle manière doit-on opérer?

R. On opère d'une manière différente dans les salles vides et dans les salles occupées.

19. D. Que fait-on dans les salles vides?

R. On doit d'abord porter les couchettes dans l'espace vide qui se trouve entre les rangs, et en ôter les tables de nuit et autres meubles, de manière à n'y rien laisser qui puisse gêner.

On balaie ensuite la partie rendue libre, pour en enlever le plus d'ordures possible, et on ouvre toutes les fenêtres pour en hâter le dessèchement.

20. D. Comment lave-t-on ensuite?

R. On lave avec une brosse emmanchée, trempée dans l'eau, et avec laquelle on frotte le plancher ou le carreau, en ne prenant au fur et à mesure que l'espace qu'on peut nettoyer devant soi, sans changer de place; on mouille sa brosse en la plongeant dans le seau, autant de fois qu'il est nécessaire pour la laver elle-même et lui rendre l'eau dont elle a besoin.

21. D. Quand on a ainsi frotté le plancher

ou le carreau, avec cette brosse mouillée, que fait-on?

R. Un Infirmier, placé derrière le laveur, essuie la partie lavée du plancher, avec une éponge, une serpillière ou quelque douet de propreté, en ayant soin de laver souvent son éponge ou autre objet et de bien la presser ensuite, pour qu'elle puisse absorber encore de nouvelle eau. De cette manière, l'eau ne séjourne jamais, n'est jamais trop abondante, et le plancher est sec en peu de temps.

22. D. Quand on n'a pas de brosse emmanchée, comment y supplée-t-on?

R. On y supplée par des morceaux de serpillière ou des douets, que l'on fixe au bout d'un manche.

23. D. Qu'appelez-vous douet de propreté?

R. On nomme ainsi des lambeaux de toile ou de laine provenant d'objets hors de service, et qui remplacent les éponges et les serpillières.

24. D. Mais si le plancher ou le carreau sont tellement gras que l'eau ne puisse suffire pour les nettoyer, que fait-on?

R. Au lieu d'eau froide, on emploie de l'eau chaude, que l'on se procure ordinairement aux bains, et si l'eau chaude pure est encore insuffisante, on prend de la lessive, s'il y en a à la buanderie, ou l'on demande des cendres, de la soude ou de la potasse, pour en faire.

25. D. Quand on a ainsi lavé une partie, comment s'y prend-on pour le reste ?

R. Aussitôt que la partie lavée est sèche, on replace successivement les bois de lit, tables de nuit et autres objets déplacés, avec beaucoup de précaution, pour ne pas les fatiguer et ne pas altérer la propreté qu'on a obtenue, et on procède de la même manière dans le rang opposé, réservant toujours le milieu pour le dernier.

26. D. Comment fait-on dans les salles occupées par les malades ?

R. Le lavage des salles occupées exige beaucoup plus de précautions.

27. D. Quelles sont ces précautions ?

R. Comme on ne peut déplacer les couchettes dans les salles occupées, on se contente de mettre les tables de nuit au pied de chaque lit; on y place la chaussure de tous les malades couchés, et on lave sous chaque lit, ou dans les intervalles, comme dans les salles vides; mais avec la précaution de ne pas ouvrir les croisées auprès des lits oc-

cupés par de grands malades, de n'ouvrir
que les ventilateurs percés à fleur du plancher, et de replacer toujours, immédiatement
après le lavage, au-dessous ou auprès de
chaque lit, les objets qu'on a déplacés.

28. D. Ces lavages doivent être bien
fatigans, et je conçois qu'il faut les rendre
le moins fréquens possible.

R. Oui, Monsieur; il le faut, dans l'intérêt des malades, et les Infirmiers ne doivent
rien négliger pour obtenir, sans ce moyen,
une propreté complète.

29. D. Mais n'y a-t-il pas encore d'autres
moyens de prévenir la mal-propreté des
planchers ?

R. Oui, Monsieur, il y en a d'autres qui
consistent dans le soin que doivent avoir
les Infirmiers, 1° de ne jamais trop remplir
les vases ou seaux qui servent au transport
des liquides, combustibles ou balayures;

2° De garantir les salles de toute mal-
propreté extérieure, soit qu'elle provienne
de l'état des cours dans les mauvais temps,
ou qu'elle soit la suite de quelques travaux
de maçonnerie ou autres.

3o. D. En quoi la précaution de ne pas
trop remplir les seaux ou vases, peut-elle
contribuer à la propreté ?

R. Quand on porte dans les salles les eaux de lavage, les vidanges de pots de nuit ou de chaises percées, quand on y apporte le bouillon, le vin, la tisane, le combustible, ou qu'on en enlève les cendres ou les balayures, si les vases sont trop pleins, si on ne les porte pas avec précaution, on en répand, on marche dessus, et. de proche en proche, le plancher se salit par la faute de ceux même qui doivent le maintenir propre, et qui sont punis de leur inattention par un surcroît de travail facile à éviter.

31. D. Comment peut-on garantir les salles de toute mal-propreté extérieure ?

R. Quand le temps est mauvais, pendant le dégel ou la pluie, quand il y a des travaux de bâtimens, il faut prendre des mesures pour que la boue, le mortier, le plâtre ou d'autres substances ne puissent pénétrer dans les salles, en répandant sur les passages, vestibules ou corridors du rez-de-chaussée, de mauvaise paille qui absorbe l'humidité, en couvrant les escaliers de sciure de bois, et en garnissant toutes les entrées de serpillières, de sorte que les chaussures puissent se nettoyer.

32. D. Comment nettoie-t-on les plafonds ?

**R.** Tous les plafonds, qu'ils soient ou non revêtus en plâtre, doivent être soigneusement époussetés, dégagés de toute poussière ou toiles d'araignées, soit avec des têtes de loup, ou des balais à long manche entourés d'une serpillière sèche.

33. **D.** Comment nettoie-t-on les croisées?

**R.** On les essuie le plus souvent possible et on les lave de temps en temps, pour que les carreaux soient toujours bien nets.

34. **D.** Faut-il démonter les croisées pour les nettoyer?

**R.** Non, Monsieur; on nettoie les bois avec une éponge ou un linge mouillé, et les carreaux se nettoient au blanc d'Espagne.

35. **D.** Dites-moi de quelle manière on emploie le blanc d'Espagne?

**R.** On fait délayer du blanc d'Espagne dans l'eau, jusqu'à la consistance d'une bouillie très-claire, et on en enduit tous les carreaux au moyen d'un morceau de linge, d'étoupe ou de laine; quand cet enduit est sec, on essuie les carreaux avec un linge, jusqu'à ce qu'ils soient bien transparens.

36. **D.** Comment nettoie-t-on les portes?

**R.** En les lavant et les essuyant immédiatement après qu'elles sont lavées.

37. **D.** Il est très-bien d'entretenir propres

les portes et les croisées ; mais ne réclament-elles pas encore quelques autres soins, pour pouvoir les ouvrir et fermer facilement ?

R. Oui, Monsieur ; il est essentiel de mettre de temps à autre quelques gouttes d'huile aux pentures, aux gonds, aux fiches, serrures, verrous, loquets et loqueteaux des portes et croisées, pour qu'elles n'interrompent pas le repos des malades et pour en rendre le jeu facile.

38. D. Que faut-il encore pour que la propreté des salles soit complète ?

R. Il faut que les couchettes, les tables de nuit, la vaisselle du malade, et généralement tout le mobilier soit entretenu avec le soin convenable.

39. D. Quels soins exigent les couchettes ?

R. Il faut qu'elles ne présentent aucune tache de sang ou autres : que quand il s'en trouve, elles soient toujours lavées et essuyées, et que toutes les parties du lit, particulièrement les tablettes de la tête et du pied, soient toujours sans poussière et sans humidité.

40. D. Quand faut-il essuyer les tablettes du lit ?

R. Il faut qu'elles soient essuyées après chaque grand balayage, mais sur-tout avant

les visites, et avant et après chaque distribution.

41. D. Quel soin exige la table de nuit ?

R. Le même que les couchettes, c'est-à-
dire que leurs tablettes du dessus et celles
intérieures doivent être lavées ou essuyées
aux mêmes époques.

42. D. Quand doit-on nettoyer la vaisselle des malades ?

R. Les pots à boire, écuelles et assiettes
doivent être lavés, rincés et essuyés après
chaque distribution.

Les pots à tisane doivent être lavés tous
les matins, avant la distribution des médicamens, et toutes les fois qu'on substitue
une tisane à une autre.

Les pots de nuit doivent être vidés,
lavés et rincés tous les jours, avant la visite
du matin et entre les deux distributions,
sans qu'on puisse se dispenser de le faire
plus souvent, si cela est nécessaire.

43. D. Suffit-il de laver, rincer et essuyer
la vaisselle pour qu'elle soit bien propre?

R. Quelquefois cela ne suffit pas: il peut
se former quelques sédimens dans les vases,
et il faut alors les nettoyer avec un morceau
de bois auquel on a fixé un peu de toile,
pour enlever les dépôts qui ont pu s'y
former.

44. **D.** Quels soins exigent les **autres** parties du mobilier de chaque salle?

**R.** Les soins à donner aux différentes parties du mobilier, sont indiqués dans le chapitre qui traite de la tenue des lits et de leur entretien, à l'exception des fournitures, linge et effets.

45. **D.** Quels sont donc ceux qu'on doit donner aux fournitures, qui influent à la fois sur le bien-être des malades et la propreté des salles?

**R.** Ils sont de diverses espèces, suivant la différence des objets.

46. **D.** Quels soins exige la paillasse?

**R.** Il faut que la paillasse soit toujours sans trous et bien fermée, pour que la paille ne se répande pas sur le plancher, et qu'elle n'y soit pas brisée, afin que le malade ne soit pas mal couché.

47. **D.** Y a-t-il une époque fixe pour le renouvellement de la paille dans les paillasses?

**R.** Non, Monsieur; la paille des paillasses est renouvelée chaque fois que la nécessité en est reconnue, c'est-à-dire quand elle est brisée et n'a plus de ressort.

48. **D.** Quelle est l'époque du renouvellement des matelas?

R. Les matelas ne doivent être rebattus que tous les six mois; mais on doit changer ceux qui sont sous les malades, quand ils sont trop affaissés, mouillés ou tachés de sang.

49. D. Ceux qui ne sont que mouillés ne peuvent-ils pas servir encore après avoir été séchés?

R. Il faut distinguer ici la cause par laquelle ils ont été mouillés.

Ils peuvent l'avoir été par suite d'une forte hémorragie, ou pendant une opération, ou par des déjections abondantes, ou par quelqu'incontinence d'urine, ou par de grandes transpirations, ou simplement par un accident et avec des liquides sans odeur.

50. D. Quels sont, parmi ceux-là, ceux qu'on ne peut plus faire servir?

R. Tous ceux fortement tachés de sang, ceux imprégnés d'excrémens ou d'urine, ceux qui ont été pénétrés par une grande transpiration ayant quelqu'odeur, doivent être immédiatement changés.

51. D. Quels sont donc ceux qui peuvent être encore placés sous les malades, après avoir été séchés?

R. Ce sont ceux qui, après avoir été séchés, ne conservent aucune tache, aucune espèce d'odeur, ni principe d'humidité.

52. **D.** Les malades qui rendent involontairement leurs excrémens doivent gâter beaucoup de matelas, si vous les leur changez aussitôt qu'ils sont imbibés de matière fécale?

**R.** Cela serait sans doute, si on ne prenait pas des précautions pour y remédier.

53. **D.** Quelles sont ces précautions?

**R.** Elles consistent à mettre, entre le drap du dessous et le matelas, un ou deux paillassons en balle d'avoine qui absorbe les matières et ne leur permet pas de mouiller le matelas.

54. **D.** Cependant, si les déjections étaient tellement abondantes, qu'un ou deux paillassons ne pussent suffire, vous ne pourriez pas en augmenter le nombre sans exposer le malade à l'inconvénient d'être mal couché et dans une position gênante?

**R.** Oui, Monsieur; mais dans ce cas, on met entre le paillasson et le matelas une toile cirée qui garantit le matelas.

55. **D.** Ne pourriez-vous pas mettre cette toile cirée entre le drap et le matelas, pour éviter l'emploi des paillassons?

**R.** Oui, Monsieur, cela s'est fait souvent, mais le malade en souffre beaucoup; il est sans cesse dans un bain de matières

fécales qui lui rongent la peau, et ajoutent à l'incommodité et au danger de son
état; il vaut mieux employer les paillassons.

56. D. Vous avez raison; mais les hommes qui ont une incontinence d'urine ne
doivent pas être traités de la même manière?

R. Non, Monsieur; si ces hommes n'ont
pas de maladie dangereuse, ou ne souffrent
pas beaucoup, on leur supprime le matelas, et on ne leur laisse que la paillasse.

57. D. Ne prenez-vous pas encore avec
eux d'autres précautions?

R. Pardonnez-moi, Monsieur; on les
met toujours à l'extrémité la plus reculée
de la salle, et on ne les laisse jamais au
milieu des rangs.

58. D. Les couvertures doivent-elles être
l'objet d'attentions particulières?

R. Les couvertures exigent beaucoup de
soin; c'est la partie du lit la plus visible,
celle qui influe le plus sur le coup-d'œil
que les salles présentent, et celle qui doit
être plus particulièrement ménagée par les
malades et les Infirmiers.

59. D. Quels sont les soins qu'elles exigent?

R. On doit les tenir toujours dans un

grand état de propreté ; ne jamais les laisser tomber jusqu'au plancher ; les battre, au moins une fois par mois, dans les cours, en choisissant un temps favorable, et surtout prendre garde d'y répandre ni bouillon, ni vin, ni aucun autre liquide, surtout de ceux qui sont gras ou colorés.

60. D. Si quelque chose de semblable arrive, que doit-on faire ?

R. Il faut, aussitôt qu'on aperçoit une tache de sang, de vin, ou autre substance colorée, se hâter de la laver avec de l'eau, en prenant toutes les précautions convenables pour que le malade ne puisse en souffrir.

Si la tache est produite par du bouillon, de l'huile, ou autre corps gras, on emploie de la lessive, ou une eau alcalisée.

61. D. Qu'entendez-vous par de l'eau alcalisée ?

R. L'eau alcalisée et la lessive sont une même chose ; c'est une eau dans laquelle on a fait dissoudre des cendres, de la potasse et de la soude.

62. D. N'y a-t-il pas quelque crainte de rendre cette eau trop caustique ou corrosive ?

R. Oui, Monsieur, si on employait trop

de potasse ou de soude; mais il faut n'en mettre qu'autant qu'il en faut pour rendre l'eau douce au toucher, sans qu'elle soit trop grasse.

63. D. N'y a-t-il pas d'autres attentions à prendre pour les couvertures?

R. Oui, Monsieur; comme elles sont doubles pendant l'hiver, il faut éviter de mettre en - dessus la couverture de doublement, qui est ordinairement d'une qualité inférieure à celle de dessus.

64. D. Y a-t-il une époque fixée pour l'échange des couvertures?

R. Non, Monsieur; les couvertures ne se changent que quand elles sont mal-propres, excepté en cas de décès.

65. D. Les couvertures qui ont servi à un décédé sont donc retirées?

R. Oui, Monsieur; les couvertures et généralement toutes les fournitures d'un décédé sont enlevées.

La paillasse est vidée, le matelas mis au rebattage, les toiles à paillasse et couvertures sont lavées, ainsi que la capote et le pantalon.

66. D. Combien de jours les draps d'un malade lui sont-ils laissés sans être renouvelés?

R. Les draps, suivant le réglement, ne doivent être changés que tous les quinze jours, parce que, si le malade en a soin, ils peuvent rester propres pendant ce temps, à moins qu'ils ne soient tachés, souillés ou imbibés de sueur ou autre substance.

67. D. Dans ce cas, peut-on les lui changer ?

R. Oui, Monsieur; on doit les lui changer toutes les fois qu'ils sont mal-propres, mouillés ou tachés.

68. D. Combien de jours le malade doit-il conserver sa chemise ?

R. Excepté dans les cas prévus pour les draps, les chemises et les coiffes ne doivent être changées que tous les cinq jours.

69. D. Peut-on quelquefois retarder l'échange des draps plus de quinze jours ?

R. Oui, Monsieur, on peut le retarder d'un à trois jours, dans le cas de sortie probable du malade, mais seulement d'après l'indication de M. l'Officier de santé.

70. D. Quand doit-on changer les pantalons de toile ?

R. Tous les quinze jours.

71. D. Les chaussettes en fil ?

R. Tous les cinq jours.

72. D. Les nappes et serviettes des Officiers ?

R. Tous les cinq jours.

73. D. Les tabliers des Officiers de santé ?

R. Quand ils en font la demande.

74. D. Les crachoirs de toile ?

R. Tous les jours.

75. D. Les torchons et essuie-mains ?

R. Tous les jours.

76. D. Combien un Infirmier doit-il avoir de tabliers ?

R. Chaque Infirmier doit en avoir deux.

77. D. Pourquoi deux ?

R. Parce que l'Infirmier doit toujours avoir un tablier propre pour les distributions, et celui qui lui a servi la veille pour les distributions, lui sert le lendemain pour le travail ordinaire.

78. D. Il en change donc un tous les jours ?

R. Oui, Monsieur, il change tous les jours celui qui lui a servi aux travaux ordinaires de la veille.

79. D. Quand change-t-on les serpillières et les douets de propreté ?

R. On ne les change que quand ils son tout-à-fait usés; l'Infirmier lave ceux à sa disposition, quand il s'en est servi, et on ne les met à la lessive que lorsqu'ils sont imbibés d'huile ou de corps gras.

80. D. Vous avez indiqué à-peu-près tout ce qui peut contribuer à la propreté des salles, mais vous n'avez pas parlé de la propreté personnelle des malades : quelles attentions réclame-t-elle ?

R. Il faut que les capotes, pantalons et chaussettes des malades soient toujours propres et en bon état; qu'ils aient toujours les mains, les pieds et la figure lavés, et la barbe faite au moins deux fois par semaine.

81. D. En quoi consistent le bon état et la propreté des capotes et pantalons?

R. Les capotes et pantalons ne doivent être ni tachés, ni déchirés; les Infirmiers, en les visitant souvent, recommanderont aux malades d'en avoir soin, et quand ils remarqueront quelque couture à faire ou quelques boutons à mettre, ils en avertiront l'Infirmier-major; ils lui désigneront également les malades qui n'en ont pas le soin nécessaire, soit de leur propreté, soit de leur conservation.

82. D. Quelle attention doivent-ils porter à la chaussure ?

R. Les Infirmiers doivent veiller à ce que les chaussettes et les sandales ne soient ni trouées, ni mal-propres, et changer celles qui auraient besoin de quelque réparation.

**83. D.** Vous avez parlé de la propreté de la figure, des mains et des pieds : en quoi les Infirmiers peuvent et doivent-ils y contribuer ?

**R.** Ils y contribuent,

1° En ayant soin de tenir toujours de l'eau dans les fontaines des salles, avec l'attention que l'eau y soit tiède, tous les jours, une demi-heure avant chaque distribution, depuis le mois d'octobre jusques et y compris le mois de mai ;

2° En faisant sentir aux malades les avantages de cette propreté, tant pour leur santé que pour leur satisfaction réciproque ;

3° En ne négligeant jamais de laver ceux qui ne peuvent le faire ;

4° Enfin, en donnant l'exemple de la propreté en tout et sur eux-mêmes.

**84. D.** N'ont-ils pas encore quelques autres soins à prendre ?

**R.** Oui, Monsieur : il faut que les Infirmiers veillent à ce que les malades soient toujours vêtus décemment et ne sortent jamais de leurs salles qu'avec leurs capotes, leurs pantalons, leurs chaussettes et leurs pantoufles, et à ce qu'ils soient rasés deux fois la semaine.

**85. D.** Si les malades veulent rester dans

la salle ou sortir à demi-vêtus, que doi
faire l'Infirmier ?

R. Il doit leur faire observer que cel
n'est pas décent, ni selon l'ordre établi, e
peut nuire à leur santé; mais si les malades
ne se rendent pas à son avis, il doit en
rendre compte à l'Infirmier-major.

86. D. Par qui les malades doivent-ils
être rasés ?

R. Ils doivent l'être par les barbiers des
régimens de la garnison, ou par un barbier
attaché à l'hôpital; et si quelque malade
n'est pas rasé à temps, l'Infirmier doit toujours en prévenir l'Infirmier-major.

---

# CHAPITRE XII.

### Propreté extérieure.

1. D. Qu'entend-on par propreté extérieure ?

R. Tout ce qui est relatif au nettoiement
de toutes les parties de l'hôpital, autres que
les salles.

2. D. Quels sont les emplacemens à nettoyer hors des salles ?

R. Ce sont les latrines, les escaliers, corridors, cours, promenoirs, et même toūt ce qui avoisine les murs extérieurs de l'hôpītal.

3. D. Comment s'obtient la propreté des latrines ?

R. En les balayant souvent, en les lavant toutes les fois que cela est nécessaire, et en n'y laissant séjourner ni ordures, ni matières, ni eau, qui puissent y donner de l'odeur et de l'humidité.

4. D. Quelles sont les précautions à prendre pour la propreté de l'escalier ?

R. Les mêmes que pour les latrines, et faire bien attention à n'y laisser tomber aucune substance qui les rende glissans et expose à des chutes, ou les malades ou ceux qui les soignent.

5. D. En quoi consiste la propreté des corridors et des vestibules ?

R. Dans un balayage fait avec soin ; dans l'enlèvement de toutes les ordures, qui jamais n'y doivent séjourner, ni être repoussées dans les angles ; enfin, dans l'attention de n'y jamais rien souffrir qui puisse nuire à la propreté des salles, dont ils forment l'entrée.

6. D. Comment obtient-on la propreté des cours et promenoirs ?

R. Elle s'obtient, comme dans tous les

autres lieux, par un balayage exact et fait à-propos, pour n'y pas laisser s'y former la boue, qui rend plus difficile la propreté des parties couvertes, telles que vestibules, corridors, escaliers ou autres qui conduisent aux salles.

7. D. Quelles sont les précautions particulières à la saison d'hiver?

R. 1° Le balayage de tous les ruisseaux, afin que l'eau qui s'y trouve ne puisse pas, en gelant, former des glaces qui rendent les passages glissans et finissent par les obstruer;

2° A mesure que la glace se forme, il faut la casser et la mettre en tas;

3° Balayer la neige toutes les fois qu'elle est tombée, la mettre en tas sur les parties qui offrent quelque pente, et l'enlever, quand la chose est possible, pour la déposer à l'extérieur;

4° Avoir soin de semer des cendres, ou plutôt de la sciure, sur tous les passages, toutes les fois qu'il y a du verglas ou que le pavé est glissant;

5° Au moindre dégel, casser la glace, rétablir le cours de l'eau dans les ruisseaux ou les égouts, profiter même de la pluie pour achever de nettoyer entièrement les pavés et faciliter l'écoulement de toutes les immondices;

6° Empêcher également, pendant le dégel, de passer sur les chemins en terre et même sablés, jusqu'à ce que le dégel soit complet, à cause de la dégradation qui en résulte.

8. D. Quelles sont les précautions à prendre dans les temps de pluie?

R. 1° Engager les malades à ne pas s'y exposer;

2° Garnir de paille brisée toutes les avenues des salles, semer de la sciure de bois sur les escaliers, mettre des serpillières à toutes les portes conduisant dans les salles, et prévenir, par là, l'introduction de la boue et de l'humidité;

3° Balayer les feuilles tombées et faciliter partout l'écoulement des eaux, en profitant de leur abondance pour nettoyer à fond toutes les parties mal pavées, dans lesquelles elles peuvent séjourner.

9. D. Quelles sont les précautions à prendre dans les temps secs?

R. 1° Enlever d'abord toutes les feuilles tombées;

2° Ratisser souvent, mais légèrement, toutes les parties cultivées, pour enlever les cailloux;

3º Ne laisser aucunes pierres éparses; mettre en tas celles qui s'y trouvent;

4º Enlever et porter au panier de dépôt tous les linges à pansement et charpie que l'on y rencontrera, et cela en tout temps;

5º Arroser toujours avant de balayer;

6º Arroser souvent les avenues, les plates-bandes et les pelouses.

10. D. Toutes ces précautions ne sont-elles un devoir que pour les Infirmiers chargés de la propreté extérieure?

R. Non, Monsieur : elles sont un devoir spécial pour les balayeurs; mais tous les Infirmiers qui ne sont pas de service, ne doivent jamais passer à côté d'une pierre, sans la retirer du passage, la remettre au tas, s'il y en a un; et l'on regardera toujours comme insouciant, l'Infirmier qui aura passé à côté d'un morceau de linge à pansement ou de charpie, sans le relever et le porter au panier.

11. D. La propreté extérieure ne s'étend-elle pas aussi aux murs?

R. Oui, Monsieur : il faut empêcher, 1º qu'on ne laisse des ordures dans les angles; 2º qu'on ne trace quelque chose sur les murs.

12. D. Quand on remarque quelque chose de semblable, que doit-on faire?

R. On doit, sur-le-champ, en rendre compte à l'Officier d'administration ou à l'Infirmier-major de garde; et si l'on trouve quelqu'un salissant les murs, il faut le remarquer et le suivre, pour pouvoir le reconnaître et le signaler.

13. D. N'est-il pas important que chacun s'accoutume à faire des observations sur ce qu'il remarque à l'extérieur?

R. Oui, Monsieur : toute personne attachée au service d'un hôpital doit, autant qu'il est en elle, remarquer toutes les dégradations extérieures, soit aux murs, croisées, portes, plantations; voir si les eaux ne s'écoulent pas facilement; enfin, s'il y a remarqué quelque chose de contraire à l'ordre, il doit, suivant les circonstances, prévenir ceux chargés d'y remédier, ou rendre compte à l'Infirmier-major de garde.

---

# CHAPITRE XIII.

### CHAUFFAGE DES SALLES.

1. D. Quelles sont les obligations des Infirmiers, relativement au chauffage des salles?

R. Elles consistent à entretenir les feux suivant les ordres qui leur sont donnés, soit pour les heures d'allumage, soit pour la durée des feux, soit pour la manière de les conduire.

2. D. Il y a donc plusieurs manières de faire ou d'entretenir les feux ?

R. Oui, Monsieur, il y a autant de manières qu'il y a de différences entre les formes de poële et la nature des combustibles.

3. D. Combien y a-t-il d'espèces de poëles et de combustibles ?

R. Il y a deux espèces de poëles : les uns ont des grilles au-dessous du foyer, et sont destinés à brûler de la houille ou charbon de terre; les autres sont sans grilles et chauffés avec du bois.

4. D. Quel est le premier soin avant d'allumer les poëles à houille ?

R. Le premier soin doit être de bien vider le foyer, de dégager tous les barreaux de la grille des escarbilles qui peuvent y rester, et de vider au moins à moitié le cendrier.

5. R. Qu'entendez-vous par escarbilles ?

R. J'entends par escarbilles, les morceaux de houille brûlée, dont les uns peuvent encore servir et les autres ne sont que du mâchefer.

6. D. Qu'appelez-vous le cendrier?

R. J'appelle cendrier, la partie du poële qui est au-dessous de la grille, et qui sert à recevoir les cendres.

7. D. Comment s'allument les poëles à houille?

R. On commence par mettre sur la grille des poëles à houille, quelques morceaux de houille sèche, assez espacés l'un de l'autre pour que l'air puisse jouer entr'eux, mais assez rapprochés pour que la flamme puisse les envelopper; on met successivement, sur les petits morceaux de houille, d'autres morceaux plus gros, toujours en ménageant entr'eux ni trop ni trop peu d'espace pour le jeu de l'air et de la flamme. Quand le foyer est ainsi préparé, on y met le feu.

8. D. Ne pouvez-vous pas tirer parti, pour allumer le feu, des petits morceaux de houille, à demi brûlés, qui restent dans le cendrier?

R. Oui, Monsieur; ils conviennent même très-bien pour cet usage; mais il faut toujours y ajouter un peu de houille neuve.

9. D. Comment s'entretiennent les poëles à houille?

R. Quand le feu s'y ralentit, on y remet en un tas tous les charbons épars, au moyen de la consigne qui est destinée à cet usage, et le feu reprend son activité.

10. D. Qu'est-ce qu'une consigne?

R. C'est un ustensile en fer, droit ou courbé par le bout, mais toujours pointu, qui sert à dégager la grille du foyer et à y arranger le charbon de terre.

11. D. A quelle époque faut-il ajouter de la houille pour entretenir le feu?

R. Quand la houille est entièrement allumée et qu'il ne reste plus que peu ou point de houille encore noire, on ramasse toute la masse de charbon vers le centre, et on la couvre d'une petite quantité de houille nouvelle.

12. D. Mais n'y a-t-il pas un moyen de la faire durer long-temps?

R. Oui, Monsieur; on peut faire durer le feu très-long-temps, en recouvrant la houille avec des escarbilles mouillées.

13. D. Comment s'y prend-on pour tirer parti des escarbilles?

R. On réunit toutes les cendres mêlées d'escarbilles; on les passe à travers un panier d'osier, de la forme de ceux qui servent à passer du plâtre, et on en retire tout ce que le panier a conservé.

14. D. Cette opération doit donner de

la poussière, et peut faire du mal aux malades, si elle est faite dans leur voisinage.

R. Oui, Monsieur; elle serait fort incommode pour eux, si on la faisait dans les salles; d'ailleurs, elle répandrait beaucoup de poussière et de mal-propreté; mais on transporte les cendres dans un coin de cour, dans un endroit isolé, et c'est là qu'on sépare les cendres des escarbilles.

15. D. Quand vos escarbilles sont passées, qu'en faites-vous?

R. On les met dans une caisse ou baquet, avec toute la houille menue qui passerait à travers de la grille, si on voulait s'en servir; on y ajoute alors un peu de terre grasse et autant d'eau qu'il en faut pour en faire une espèce de mortier.

16. D. Dans quelle proportion mettez-vous la terre?

R. Sur sept ou huit pelletées d'escarbilles et charbon mêlés, on en met une de terre.

17. D. Quel usage faites-vous de ce mortier?

R. Quand le feu est disposé dans le foyer, ainsi que je l'ai indiqué plus haut, et qu'on a ajouté de la houille neuve, on recouvre toute la masse du feu avec ce mortier, et on ferme le foyer.

18. D. Ne craignez-vous pas que le feu ainsi couvert ne s'éteigne ?

R. Non, Monsieur, parce que je ne couvre pas assez le feu pour l'étouffer, et je laisse toujours quelques issues à la fumée ; mais si je remarquais qu'il n'y en eût pas, je lui en donnerais, en perçant avec précaution la masse, au moyen de la consigne.

19. D. Je conçois que le feu, ainsi disposé, puisse durer quelques heures ; mais quand il est de nouveau bien flambant, il ne doit pas tarder à avoir besoin d'être alimenté ?

R. Oui, Monsieur ; et il est intéressant de ne pas le laisser éteindre : c'est pourquoi il faut alors y ajouter de la houille neuve, et quand elle est allumée, on recommence alors à appliquer dessus un nouveau mortier.

20. D. Que fait-on des cendres de houille ?

R. Les cendres de houille ne pouvant servir pour la lessive, on les dépose dans un endroit indiqué, jusqu'à ce qu'elles soient enlevées pour l'amendement des terres.

21. D. Comment s'allument les poëles chauffés avec du bois ?

R. Ils s'allument, comme tous les foyers, en préparant d'abord le feu avec de petits morceaux de bois sec, des copeaux ou des brins de fagots.

22. D. Comment l'entretient-on?

R. En y ajoutant du bois, quand celui qui y a été mis d'abord est à-peu-près charbonné.

23. D. Ne peut-on pas rendre la combustion plus lente, et prolonger la durée du feu sans augmenter la quantité de combustibles?

R. Oui, Monsieur, on le peut, en ralentissant l'ardeur du feu au moyen de quelques précautions dans l'arrangement du bois; par exemple, si on ne met pas trop de distance entre les morceaux de bois, et si on a soin de les couvrir avec des cendres.

24. D. Que fait-on des cendres que l'on retire des foyers à bois

R. On les met précieusement de côté, à l'abri de toute humidité, afin de les employer aux lessives.

25. D. Y a-t-il quelques précautions à prendre pour ne pas altérer leur qualité?

R. Oui, Monsieur; il faut éviter de laisser dans le feu des terres ou des substances métalliques, telles que du fer ou du cuivre, parce qu'elles pourraient tacher le linge.

26. D. N'y a-t-il pas quelques autres précautions à prendre contre l'incendie?

R. Oui, Monsieur, il faut toujours que les cendres soient refroidies avant d'être placées au dépôt.

---

## CHAPITRE XIV.

### ÉCLAIRAGE DES SALLES ET AUTRES LIEUX.

1. D. En quoi consiste l'éclairage des salles ?

R. Il consiste dans l'entretien des lampes fixes, portatives, bougeoirs ou chandeliers.

2. D. Qu'appelez-vous lampes fixes ?

R. On appelle lampes fixes les lanternes ou réverbères suspendus ou accrochés pour l'éclairage des salles, et qui sont à demeure pendant toute la nuit.

3. D. Qu'entendez-vous par lampes portatives ?

R. On nomme ainsi les lampes à main laissées à la disposition de l'Infirmier de garde, pour l'éclairer dans son service, et qu'il doit porter avec lui dans tous les endroits où sa présence est nécessaire.

4. D. A quoi servent les bougeoirs ou chandeliers ?

R. Ils sont destinés à porter les chandelles ou bougies qui servent à éclairer MM. les Officiers de santé dans leurs visites ou leurs pansemens pendant l'hiver.

5. D. Ces lumières sont-elles réservées exclusivement à MM. les Officiers de santé ?

R. Oui, Monsieur ; les Infirmiers ne doivent se servir que de lampes portatives.

6. D. Comment s'entretiennent ces différentes lumières ?

R. Par les soins des Infirmiers de chaque salle, à moins qu'il n'y en ait un chargé de toutes les lampes de la maison, et qu'on nomme alors *lampiste* ou *allumeur*.

7. D. Quel que soit le mode adopté pour l'éclairage, qu'il y en ait un ou plusieurs chargés de ce service, qu'exigent d'abord toutes les lampes ?

R. Elles exigent d'abord une grande propreté, ensuite beaucoup de soins, qui doivent s'étendre également tant sur la boîte qui se nomme lanterne ou réverbère, que sur les parties intérieures qui sont susceptibles d'en être détachées.

8. D. Quelles sont ces parties ?

R. Ce sont le coupillon, le réflecteur et le recueilloir.

9. D. Qu'appelez-vous coupillon ?

R. J'appelle coupillon la petite boîte de fer-blanc qui contient l'huile et la mèche.

10. D. Qu'est-ce que le réflecteur ?

R. Le réflecteur est une plaque de fer-blanc ou de cuivre argenté, bombée dans sa partie postérieure, et présentant à sa partie antérieure un enfoncement dans lequel se réfléchit la lumière derrière laquelle elle est placée.

11. D. Qu'entendez-vous par recueilloir ?

R. Le recueilloir est une capsule en fer-blanc, placée sous le coupillon, et quelquefois sous le réverbère, pour recueillir l'huile qui s'échappe et l'empêcher de salir le mur ou le plancher.

12. D. Que faut-il faire pour la propreté de ces différentes pièces ?

R. Il faut, 1° que la lanterne ou le réverbère soient, tous les jours, soigneusement essuyés, sur-tout les verres, qui doivent être bien nets ; 2° que le réflecteur soit toujours brillant, parce que, s'il est terne, la lumière n'étant plus réfléchie, cesse d'être aussi abondante ; 3° que le recueilloir soit vidé tous les jours et bien essuyé, parce que, s'il y restait de l'huile, elle serait bientôt épaissie par la poussière, elle formerait une crasse difficile à enlever, et l'huile serait perdue.

13. D. Avant que je vous demande ce qu'on fait du coupillon, dites-moi comment se nettoient les verres des réverbères et le réflecteur ?

R. Quand les verres ou le réflecteur sont trop gras ou trop ternes pour être rendus, les premiers à leur transparence, et le second à son éclat, en les frottant seulement avec un linge doux et sec, on les enduit légèrement d'un mélange de blanc d'Espagne et d'eau, qu'on y laisse sécher, et quand il est sec, on les essuie avec un linge fin, ce qui suffit pour les remettre dans l'état convenable.

14. D. Que fait-on ensuite des coupillons ?

R. Tous les matins, après avoir nettoyé les lanternes ou réverbères, et leurs réflecteurs, on enlève tous les coupillons, qu'on porte à la dépense ou autre endroit indiqué, dans un panier d'allumeur ou autre vase en fer-blanc ou en cuivre, en ayant soin, en même temps, de vider l'huile qui peut se trouver dans le recueilloir.

15. D. Je suppose, d'après ce que vous venez de me dire, que tous les coupillons sont réunis, chaque jour, à la dépense ou un autre endroit désigné, et qu'ils se net-

toient dans cet endroit; mais comment cette opération a-t-elle lieu ?

R. Tous les coupillons ou lampes à main sont réunis dans le local désigné, et là, on commence par les vider tous et les essuyer avec soin, sans déranger l'ordre dans lequel ils ont été apportés, afin de pouvoir les replacer dans le même ordre; on y visite toutes les mèches, pour s'assurer qu'elles ont encore la longueur nécessaire pour une nuit au moins; si elles sont trop courtes, on les remplace par de neuves.

16. D. Comment, ensuite, et quand met-on l'huile ?

R. Quand on s'est assuré de la propreté des lampes, qu'on a reconnu qu'il n'y a point de soudures à réparer, que les mèches sont suffisantes, on met, dans chacune, la quantité d'huile nécessaire pour la saison, et on les reporte où elles doivent être, à l'heure qui est indiquée.

17. D. Quand les lampes sont allumées, comment voit-on si elles brûlent convenablement ?

R. Pour qu'une lampe éclaire bien dans la proportion de sa mèche, et qu'on ne soit pas incommodé par la fumée de l'huile, il faut que la flamme soit blanche et arrondie par le haut. Quand la flamme rougit ou devient pointue à ses extrémités, la mèche est trop longue, et l'on doit la rentrer ou la couper.

18. D. Comment nettoie-t-on les coupillons ou autres parties sur lesquelles l'huile se répand et s'épaissit?

R. Les coupillons, et généralement tous les objets qu'on veut dégager des corps gras, doivent être lavés avec de la lessive, ou, à défaut de lessive qui a servi, avec une eau dans laquelle on a fait dissoudre de la potasse, de la soude ou des cendres.

19. D. Quelle attention les Infirmiers doivent-ils avoir relativement à leurs lampes?

R. Ils doivent les surveiller pour qu'elles ne s'éteignent pas, et tenir la main à ce que les malades ne les prennent jamais pour jouer ou lire, ou ne s'en servent pour allumer leurs pipes.

20. D. A quelle heure doit-on allumer les lampes?

R. Tous les jours, une demi-heure avant la nuit close, toutes les lampes doivent être allumées, en commençant par les endroits les plus obscurs et finissant par les cours.

21. D. A quelle heure doivent-elles être éteintes?

R. A la pointe du jour, les lampes doivent être toutes éteintes.

22. D. Quel est le moyen de bien conserver les mèches, et de les empêcher de s'éventer ?

R. Les mèches doivent être toujours très-proprement enveloppées dans du papier, privées d'air et de lumière.

23. D. Peut-on préparer soi-même les mèches ?

R. Oui, Monsieur ; à l'exception des mèches cirées ou des mèches tissées, plates ou doubles, les autres doivent être préparées par les soins des Infirmiers.

24. D. Comment s'y prend-on pour les faire bien égales en longueur et en grosseur ?

R. Après s'être procuré du coton ordinaire, récemment filé, de bonne qualité et présentant un fil bien égal, on le dévide sur un carton mince dont la longueur soit celle de la mèche que l'on veut faire ; on y met le nombre de brins dont on veut composer la mèche, qui peut varier de 12 à 18 fils, suivant la finesse du coton ou la grosseur de la mèche qu'on veut obtenir, et après avoir coupé le coton aux deux extrémités du carton, on a deux mèches aux dimensions désirées.

Il suffit, alors, de les rouler légèrement avec la main, et l'une après l'autre, sur une table propre, et de les envelopper soigneusement, pour s'en servir au besoin.

---

# CHAPITRE XV.

### DISTRIBUTIONS DES VIVRES AUX INFIRMIERS.

1. **D.** Comment se distribuent les alimens aux Infirmiers ?

**R.** Ils se distribuent de deux manières : la première est la distribution faite aux Infirmiers qui mangent dans l'intérieur de l'hôpital ; la seconde est celle faite à ceux qui sont autorisés à manger à l'extérieur.

2. **D.** Comment se fait la première distribution ?

**R.** Les Infirmiers mangeant dans l'intérieur sont réunis, par les soins de l'Infirmier-major de garde, à la dépense, où ils reçoivent, sur un appel nominal, le pain et le vin ; passant ensuite à la cuisine, pour y prendre les autres alimens, ils sont conduits en ordre au casernement, où ils prennent leur repas en sa présence.

3. **D.** Quels sont ceux qui mangent à l'intérieur ?

R. Ce sont, 1° les Infirmiers logés dans l'hôpital; 2° ceux non logés, qui sont de garde ou consignés.

4. D. Quand commence cette distribution ?

R. Elle commence aussitôt que le travail de propreté qui suit les distributions des malades est assez avancé pour pouvoir être terminé par les Infirmiers mangeant à l'extérieur, et qui restent dans les salles jusqu'à ce que les Infirmiers de garde aient pris leur repas.

5. D. Après cette première distribution, que font ceux qui y ont participé ?

R. Un ou deux hommes, à tour de rôle, s'occupent de la propreté, nettoient, lavent et essuient les tables, bancs, vaisselle, et tout ce qui a servi au repas, pendant que les hommes de service retournent à leur poste, et que ceux autorisés à sortir achèvent de compléter leur tenue de sortie.

6. D. Quand et comment se fait la seconde distribution ?

R. Aussitôt que les Infirmiers de service sont rentrés à leur poste, l'Infirmier-major de garde donne le signal de la seconde distribution, et tous ceux qui doivent y prendre part se rendent à la dépense, en tenue de sortie : ils y reçoivent le pain et le vin ; puis, à la cuisine, le bouillon et la viande, toujours sur un appel nominal.

7. D. Tous ces mouvemens se font-ils en ordre ?

R. Oui, Monsieur : chacun conserve ou reprend son rang, jusqu'au moment de la sortie, qui suit immédiatement cette distribution.

8. D. Comment s'opère la sortie ?

R. Aussitôt que les alimens sont délivrés aux Infirmiers autorisés à manger en ville, ceux-ci se réunissent à ceux de la première distribution, qui sont autorisés à sortir, et l'Infirmier-major les conduit en ordre jusqu'à la porte.

9. D. Quel est le motif des mesures adoptées pour ces diverses distributions ?

R. Toutes ces mesures sont prises, d'abord, dans l'intérêt de l'ordre, parce que, dans un hôpital, tout doit être régulier ; ensuite, pour empêcher que les Infirmiers ne puissent céder aux malades aucune portion de leurs alimens.

---

# CHAPITRE XVI.

### INCONVÉNIENS ET DANGER DE DONNER AUX MALADES DES ALIMENS NON PRESCRITS.

1. D. Quels inconvéniens pourraient résulter de la cession aux malades de quelques alimens qui ne leur seraient pas prescrits?

R. Il y en a de très-graves, dans l'intérêt des malades.

2. D. Quels sont ces inconvéniens?

R. De contrarier le traitement prescrit pour chacun d'eux, par MM. les Officiers de santé.

3. D. Mais qu'en pourrait-il résulter?

R. Le moindre inconvénient serait de retarder la guérison, et il pourrait, en outre, y avoir du danger pour la vie du malade.

4. D. Ce que vous dites est tellement grave, qu'il est important de le développer un peu pour le bien comprendre. Remarquez-vous avec quelle attention MM. les Officiers de santé font leurs prescriptions?

R. Oui, Monsieur.

5. D. Vous devez observer que M. l'Of-

ficier de santé prescrit, à certains malades, la diète ; à d'autres, des alimens plus ou moins substantiels, et, toujours, il fixe les quantités à délivrer à chacun.

R. Oui, Monsieur.

6. D. Vous remarquez encore que M. l'Officier de santé prescrit aussi des médicamens.

R. Oui, Monsieur.

7. D. Voilà donc les alimens, d'une part, de l'autre, des médicamens ; et ces prescriptions seraient contrariées, si les malades pouvaient recevoir autre chose que ce qui leur est prescrit, ou plus qu'il ne leur est prescrit : le comprenez-vous bien ?

R. Oui, Monsieur.

8. D. Expliquez-moi donc comment on peut nuire à un malade à la diète, en lui donnant quelqu'aliment ?

R. Si M. l'Officier de santé prescrit la diète à un malade, c'est parce qu'il le juge hors d'état de manger, ou qu'il pense que les alimens peuvent lui nuire ; ce serait donc s'exposer à lui faire du mal, que de lui en procurer.

9. D. Mais quand il lui prescrit quelques alimens, serait-on coupable de lui en ajouter un peu ?

R. Oui, Monsieur, parce que M. l'Officier de santé indique la quantité qu'il croit convenable à chaque malade, et on ne doit pas se permettre de l'augmenter.

10. D. Cependant, si le malade se plaint de n'en pas avoir assez; s'il dit avoir un besoin violent de manger, serait-il défendu de le satisfaire?

R. Oui, Monsieur : tout le monde sait que les convalescens sont tourmentés par un appétit excessif; mais on sait aussi que c'est particulièrement dans la convalescence que le régime est indispensable.

11. D. Y aurait-il aussi quelqu'inconvénient à changer les alimens d'un malade; à lui donner du riz au gras au lieu de riz au lait, du riz au lieu de pruneaux, des pruneaux au lieu d'œufs, etc. ?

R. Oui, Monsieur; chaque espèce d'alimens diffère d'un autre, et M. l'Officier de santé sachant, mieux que personne, quelle est l'espèce qui convient à chaque malade, personne ne doit se permettre de la changer, et ceux qui le feraient seraient très-coupables.

12. D. Pourquoi croyez-vous que les alimens non prescrits pourraient contrarier les prescriptions en médicamens?

R. Parce que les alimens non prescrits peuvent empêcher l'action des médicamens ou la rendre nuisible.

13. D. Êtes-vous bien convaincu de ce que vous me dites?

R. Oui, Monsieur : il n'y a que trop d'exemples de malades qui ont empêché eux-mêmes leur guérison, en prenant des alimens non prescrits, même en petite quantité, et beaucoup de convalescens sont morts par suite d'indigestion.

14. D. Mais l'indigestion assez grave pour donner la mort, suppose une grande quantité d'alimens.

R. Non, Monsieur : on a vu souvent une petite quantité d'alimens, très-sains d'ailleurs, faire périr des convalescens imprudens.

15. D. Vous êtes donc bien convaincu que la même partie d'alimens, même très-sains, peut faire beaucoup de tort à un convalescent.

R. Oui, Monsieur.

16. D. Vous devez, conséquemment, sentir que des quantités plus fortes, ou que des alimens plus difficiles à digérer, sont bien plus dangereux encore.

R. Oui, Monsieur.

— Vous avez raison, et je vous engage à ne jamais l'oublier, comme à faire tout ce qui sera en votre pouvoir pour bien convaincre vos camarades, et les malades eux-mêmes, du danger de s'écarter des prescriptions.

## CHAPITRE XVII.

### Bains.

1. **D.** En quoi consiste le service des bains?

**R.** Dans la délivrance des bains et **des** douches.

2. **D.** Quelles sont les différentes espèces de bains?

**R.** Ce sont, 1° les grands bains, dans lesquels le corps est plongé tout entier;

2° Les petits bains, ou bains locaux, tels que les bains de bras, de jambes, de pieds ou de siége;

3° Les bains de vapeurs ou fumigations.

3. **D.** Y a-t-il plusieurs espèces de grands bains?

**R.** Oui, Monsieur : il y a des bains d'eau pure et chaude, qui sont les plus communs :

mais il y a, en outre, des bains froids aromatiques, sulfureux ou autres, suivant la prescription de MM. les Officiers de santé.

4. D. Comment les distingue-t-on ?

R. On entend généralement par grand bain ordinaire, celui qui est administré dans une baignoire, avec de l'eau chaude pure, à 26 degrés; tous les autres bains particuliers se distinguent par le nom des matières dont ils sont composés.

5. D. Qu'entendez-vous par bains de vapeurs ou fumigations ?

R. Les bains de vapeurs ou fumigations sont ceux qui s'administrent dans des boîtes qui enveloppent tout le corps des malades, à l'exception de la tête, et dans lesquelles on introduit ou des vapeurs, ou des fumigations.

6. D. Qu'est-ce qu'une douche ?

R. C'est un seau ou réservoir placé à une certaine hauteur et garni d'un robinet, au moyen duquel on fait tomber sur le malade la quantité d'eau prescrite par M. l'Officier de santé en chef, à l'endroit et à la température indiqués par lui.

7. D. Quels sont les premiers soins à prendre dans le service des bains ?

R. Les premiers soins consistent,

1° Dans la propreté de la salle et de tous ses accessoires;

2° Dans celle de toutes les baignoires et autres objets servant à l'administration des bains;

3° Enfin, dans celle de l'eau qui y est employée.

8. D. Quelle est ensuite la précaution la plus essentielle?

R. C'est la température de l'eau.

9. D. Comment juge-t-on cette température?

R. Au moyen d'un thermomètre.

10. D. Qu'est-ce qu'un thermomètre?

R. C'est un tube de verre surmontant une boule ou un cylindre rempli de mercure ou d'esprit de vin coloré, avec une échelle graduée, et dont l'élévation au-dessus de zéro indique le degré de chaleur du bain dans lequel il est plongé.

11. D. Vous avez dit que la chaleur du bain devait être de 26 degrés; mais n'y a-t-il point quelque cas dans lequel elle doit être plus forte ou plus faible?

R. La chaleur du bain ordinaire est de 26 degrés; mais elle peut et doit même varier, soit d'après la prescription de M. l'Officier de santé en chef, soit d'après le besoin qu'éprouve le malade lui-même.

( 153 )

12. **D.** Que doit faire le baigneur quand on lui demande un bain ?

**R.** Il doit s'informer si la prescription indique le degré de chaleur. Si elle ne l'indique pas, il prépare et maintient son bain à 26 degrés; mais si le malade demande une température plus élevée, il doit lui ajouter de l'eau chaude, à moins qu'il n'ait reçu des ordres contraires.

13. **D.** Comment se préparent les grands bains ?

**R.** Quand toutes les baignoires sont bien nettoyées, le baigneur, averti de la quantité qu'il a à délivrer, par la liste que doit lui remettre chaque Infirmier-major, après la visite, remplit les deux cinquièmes de chaque baignoire, d'eau froide, et la couvre pour qu'il n'y puisse tomber ni insecte ni ordure. Ensuite, avant d'aller chercher les malades auxquels les bains sont prescrits, il y ajoute la quantité d'eau chaude nécessaire pour les mettre à la température requise, et couvre toujours la baignoire avec soin, pour empêcher le refroidissement.

14. **D.** Quelles sont les précautions à prendre avant l'entrée du malade dans le bain ?

**R.** Il faut 1° disposer un banc auprès

7 *

de la baignoire, pour que le malade puisse se déshabiller commodément et y placer ses habits; 2° préparer une planche pour qu'il puisse y mettre les pieds, au moins à sa sortie du bain; 3° fermer toutes les portes et croisées, pour éviter les courans d'air; 4° enfin, que le baigneur reconnaisse la température de chaque baignoire, et y ajoute l'eau chaude nécessaire pour que le malade y soit à son aise.

15. D. Sont-ce là tous les soins que doit prendre le baigneur à l'entrée des malades dans le bain ?

R. Ce sont les soins à prendre généralement avec tous; mais il en est de particuliers pour les malades qui ne peuvent entrer seuls dans la baignoire, et sur-tout pour ceux qu'il faut y porter. Il faut que le baigneur aide à se déshabiller les malades qui ne le peuvent pas, et les aide à se placer dans la baignoire; si le malade est hors d'état de s'aider un peu, le baigneur appellera un de ses camarades, et quand l'état du malade sera de nature à ce qu'il y ait quelqu'in-convénient à le laisser seul, un baigneur ou un Infirmier devra rester près de lui, jusqu'à ce qu'il soit sorti du bain.

16. D. Mais s'il y a quelque malade assez

grave pour ne pouvoir s'aider en rien, que fera le baigneur?

R. Il placera le malade sur le banc, après avoir eu la précaution d'y étendre un drap plié en deux, et avec l'aide d'un camarade placé comme lui, à la droite et à la gauche du malade, ils le descendront dans la baignoire, et l'en retireront de la même manière, après le bain.

17. D. Ne pourraient-ils pas le prendre également par les pieds et la tête?

R. Non, le malade en serait trop fatigué; mais si les deux porteurs ne suffisaient pas pour lui soutenir tout le corps, ils s'en adjoindront un troisième pour soutenir la tête et les épaules.

18. D. Comment doit se conduire le baigneur pendant que les malades sont dans les bains?

R. Il doit avoir l'œil sur eux, pour être prêt, au moindre signe, ou à ajouter de l'eau froide ou chaude, ou à satisfaire quelques besoins; il doit être attentif à les prévenir. S'il aperçoit un baignant dont la figure soit rouge, il doit vérifier si l'eau n'est pas trop chaude; si le visage d'un malade pâlit, il doit craindre quelque faiblesse et la prévenir par tous les moyens en son pouvoir, tels que l'emploi de l'eau fraîche, du vinaigre ou autre substance convenable, dont il doit être pourvu.

19. D. Si quelque malade se trouve mal dans le bain, que doit-il faire ?

R. Son premier soin doit être de lever la soupape pour laisser l'eau s'écouler, de soutenir le malade, de lui essuyer la figure, et de l'enlever le plus vîte et le plus doucement possible, à l'aide de quelque camarade qu'il aura appelé, pour le placer sur un lit, en faisant avertir de suite l'Officier de santé de garde.

20. D. Quels doivent être les soins du baigneur, lorsque les malades sortent du bain ?

R. Le baigneur doit toujours avoir, ou dans une étuve, ou sur des paniers contenant une chaufferette, ou autour du poële, un drap chaud pour chaque malade sortant du bain. Aussitôt que quelque malade demande à sortir du bain, il s'assure de la clôture des portes et croisées; il porte au malade un drap chaud; il place son banc ou la planche pour ses pieds, lui offre d'aider à l'essuyer et à le rhabiller, et si son habillement n'est pas complet, s'il n'a pas ses chaussettes et son pantalon, il va les chercher à la salle, et ne laisse sortir le malade après le bain, que quand il a pris toutes les précautions convenables pour qu'il ne puisse souffrir des rigueurs de la saison.

21. D. Si le temps est tellement mauvais qu'il y ait quelque danger à le laisser sortir, que doit faire le baigneur ?

R. Dans ce cas, le baigneur doit engager le malade à rester dans la salle des bains, jusqu'à ce que le temps soit devenu meilleur, s'il n'est que l'effet d'un ouragan, ou, s'il peut durer quelque temps, jusqu'à ce qu'un plus grand nombre de baigneurs soit sorti du bain.

22. D. Pourquoi les faire attendre ainsi ?

R. C'est pour ne pas détruire ou contrarier l'effet du bain, en les faisant passer brusquement d'une température chaude à une température froide et humide.

23. D. Pourquoi dites-vous qu'il convient de faire attendre le premier sorti, jusqu'à ce que les autres le soient ?

R. C'est que dans le cas où le temps continuerait à être mauvais, ce retard ne pourrait que faire cesser la moiteur ordinaire à la sortie d'un bain chaud, et donnerait au baigneur le temps nécessaire pour se procurer des couvertures, afin de suppléer au peu de chaleur des vêtemens ordinaires.

24. D. En quels cas ce retard et ce supplément de vêtement seraient-ils particulièrement utiles ?

R. Ce serait dans le cas où les malades seraient obligés de traverser quelque cour ou endroit découvert pour retourner dans leurs salles.

25. D. N'y aurait-il pas quelqu'autre moyen de leur éviter le passage dans des endroits découverts ?

R. S'il est possible, en ouvrant quelques salles vides ou quelques passages habituellement fermés, de leur faciliter la rentrée dans leurs salles, sans les exposer au froid ou à l'humidité, on ne doit jamais négliger cette précaution ; et ce retard est utile pour qu'on y puisse faire passer tous ensemble les malades sortant du bain, sans nuire à l'ordre qui réclame ces clôtures.

26. D. Que doit faire le baigneur quand les malades sont sortis du bain ?

R. Il doit de suite vider les baignoires et les nettoyer, pour éviter les dépôts qui se forment toujours sur les parois et finiraient par s'y attacher de manière à en rendre la propreté plus difficile.

27. D. Comment se préparent les bains sulfureux ?

R. Ils se préparent de la même manière que les autres, en y ajoutant le sulfure de potasse, aux doses prescrites ; mais ils ne doivent jamais se délivrer dans des baignoires en cuivre, qu'ils noircissent et rendent désagréables ensuite pour les autres malades.

28. D. Dans quelles baignoires doivent-ils donc se préparer ?

R. Dans des baignoires en bois, à moins qu'il n'y en ait d'un autre métal destinées à cet usage. S'il n'y avait dans l'Hôpital que des baignoires en cuivre, alors seulement les bains sulfureux peuvent se donner dans les baignoires affectées aux vénériens.

29. D. Doit-il y avoir des baignoires particulières pour chaque genre de maladie ?

R. Il doit y avoir des baignoires particulières pour les fiévreux ou blessés, et d'autres pour les vénériens et galeux.

30. D. Doit-il y avoir également une distinction dans le linge, pour ces différens genres de maladies ?

R. Oui, Monsieur ; il faut, sur-tout pour les galeux, que jamais ils ne puissent s'essuyer avec d'autre linge que celui affecté à leur genre de maladie, parce qu'en sortant du bain, les pores de la peau étant plus dilatés, la gale se communiquerait plus facilement à ceux qui s'essuieraient avec **du** linge qui aurait servi'à des galeux.

31. D. Le même linge ne peut-il pas servir à essuyer successivement plusieurs personnes, après avoir été convenablement séché ?

R. Non, Monsieur; il faut qu'il soit, **non** pas précisément lessivé, mais passé à l'eau après avoir servi à essuyer les malades.

32. D. Comment se délivrent les bains de vapeurs ou les fumigations ?

R. On allume d'abord le feu dans les foyers par lesquels ils doivent être chauffés; et quand le thermomètre qui est sur **chaque** boîte marque trente degrés, le baigneur **va** chercher le malade, et après avoir pris toutes les précautions possibles pour le garantir **des** courans d'air pendant qu'il se déshabille ou qu'on le déshabille, il le fait entrer dans la boîte, et la ferme exactement sur lui.

33. D. Comment le malade y est-il placé ?

R. Il y est assis, et selon l'état dans lequel il se trouve, on doit mettre sous lui quelque partie de linge pour qu'il n'y soit pas trop durement.

34. D. Quelles sont les précautions à prendre pour la tête ?

**R.** Il faut la couvrir d'une coiffe ou d'un bonnet de laine, suivant la saison et la demande du malade; ensuite on doit couvrir le tour du couvercle d'un linge joignant exactement le cou et fermant hermétiquement l'ouverture, pour que l'air froid ne s'introduise pas dans la boîte par cette ouverture, et pour que les vapeurs intérieures ne puissent pas incommoder le malade.

35. **D.** Comment produit-on d'abord la vapeur aqueuse à l'intérieur ?

**R.** En versant de l'eau peu à peu dans le petit entonnoir destiné à cet usage, évitant à la fois d'en mettre trop, parce qu'on refroidirait la plaque, et la vapeur ne se dégagerait plus, de même qu'en ne mettant pas assez d'eau, on la ferait cesser également.

36. **D.** Comment produit-on les vapeurs mercurielles, sulfureuses, aromatiques, etc. ?

**R.** En mettant du cinabre ou du souffre, ou des substances aromatiques, dans le tiroir ou la capsule à ce destinés, suivant l'indication donnée par M. l'Officier de santé.

37. **R.** Quel est le devoir du baigneur pendant qu'il y a des malades dans les boîtes ?

**R.** 1° Il doit entretenir le feu de manière à produire dans chaque boîte le degré de chaleur prescrit par M. l'Officier de santé en chef;

2° Il doit y entretenir, pour chacun, les fumigations prescrites ;

3° Ne pas perdre de vue chaque malade, pour remarquer l'effet que la vapeur produit sur lui, pour activer ou ralentir le feu ou les vapeurs, suivant ses besoins, et pour être toujours à même de lui donner les secours dont il peut avoir besoin.

38. D. Comment peut-on diminuer la chaleur intérieure ou la quantité des vapeurs ?

R. En fermant les soupapes ou tournant les clés des tuyaux qui les y conduisent.

39. D. Si un malade s'y trouve mal, comment doit se conduire le baigneur ?

R. Il doit, à l'instant, fermer les clés de la boîte dans laquelle est ce malade ; essayer l'eau fraîche, le vinaigre, ou autre moyen en son pouvoir ; et si la faiblesse cesse, si le malade désire continuer son bain, il ne lui rend que peu à peu la chaleur et les vapeurs qu'avait sa boîte avant son accident.

Si, au contraire, la faiblesse continue, ou si le malade demande à sortir, il ouvre avec précaution la boîte, pour ne pas le blesser, et il le porte sur le lit qui doit être dans le voisinage, en appelant de suite le Chirurgien de garde, mais sans perdre de vue les autres malades restant dans leurs boîtes.

40. D. Quelles précautions doit prendre le baigneur à la sortie des malades de leurs boîtes ?

R. Les mêmes que pour les malades sortant des grands bains, avec plus d'attention encore à les soustraire au froid et à l'humidité, parce que la chaleur qu'ils ont éprouvée ayant été plus forte, le refroidissement serait aussi plus dangereux.

41. D. Quand le baigneur a terminé tous ses bains, que doit-il faire ?

R. Il doit, après avoir nettoyé toutes ses baignoires, balayé, lavé ou essuyé tout ce qui était sale ou mouillé, tels que bancs, planches, tuyaux, robinets, boîtes, foyers, étendre tout son linge pour le sécher, ou le porter au magasin ou à la buanderie, suivant la règle établie, puis remettre toute la salle, les armoires, tous les objets de mobilier ou ustensiles divers, dans l'ordre qui régnait avant l'ouverture des bains, et qui doit toujours se faire remarquer dans cette partie du service. Il va ensuite chercher sa provision de combustible, à l'heure fixée pour cette distribution.

42. D. Quelles sont les obligations du baigneur, en ce qui concerne sa chaudière ?

R. 1° Le baigneur doit tous les jours, après les bains terminés, nettoyer son foyer, enlever les cendres surabondantes, et les déposer dans l'endroit qui lui est indiqué, en prenant, dans le transport, les précautions nécessaires pour n'en pas répandre dans les endroits qu'il traverse ;

2° Il doit ensuite visiter sa chaudière, et s'assurer qu'il ne s'y forme pas de dépôt, et ne doit jamais la remplir sans avoir reconnu si elle est propre et en bon état ;

3° Il prépare ensuite son feu, pour qu'il soit toujours prêt à être allumé.

43. D. Est-il indispensable que la chaudière soit plus ou moins pleine ?

R. Non, Monsieur : le baigneur ne doit jamais oublier que si quelque partie de sa chaudière se trouvait sans eau, en contact avec la flamme, elle serait bientôt détruite.

44. D. Que doit-il faire pour la bien conserver ?

R. Il doit bien reconnaître quelle est la partie de la chaudière qui n'est pas en contact avec le feu, et qui est enfermée dans la maçonnerie, pour tenir toujours l'eau à la hauteur nécessaire.

45. D. Mais s'il n'a pas vu construire la chaudière, comment peut-il le savoir ?

R. Il a un moyen bien simple pour s'en assurer, et le voici : Quand la chaudière est vide, il allume, dans le foyer, une forte poignée de paille dont la flamme va échauffer assez toutes les parties de la chaudière qui sont à nu dans la construction, pour qu'il les distingue bientôt des autres parties enfermées dans la maçonnerie.

46. D. On conçoit bien que la chaudière doit être pleine, pour que le feu ne puisse en altérer aucune partie; mais quand on a échauffé toute la masse d'eau qu'elle contient, et quand on commence à délivrer des bains, l'eau diminue dans la chaudière, les parties en contact avec le feu se découvrent, et la chaudière doit s'altérer : comment donc faire pour l'en empêcher?

R. Il faut ici choisir entre deux moyens.

47. D. Quel est le premier?

R. Le premier moyen est de couvrir le feu, pour en arrêter la flamme, pendant tout le temps qu'on diminuera la quantité d'eau dans la chaudière, si l'on doit la remplir ensuite; mais s'il n'est pas nécessaire de la remplir de suite, au lieu de couvrir le feu, on doit l'ôter entièrement.

48. D. Quel est le second moyen?

R. Le second moyen est de mettre la

chaudière en communication avec le réservoir d'eau froide et d'y faire arriver celle-
ci, à mesure que l'eau chaude passe dans
les baignoires.

49. D. Mais ne craignez-vous pas que
l'eau froide que vous mettez dans la chaudière ne refroidisse trop vîte celle qui y est?

R. Oui, Monsieur, cela serait à craindre
si la chaudière était assez petite pour être
entièrement épuisée par la quantité de bains
qu'on doit donner à la fois; mais si on ne
doit employer que la moitié de l'eau chaude
que contient la chaudière, on peut se servir
de ce moyen, en employant quelques précautions.

5o. D. Quelles sont ces précautions?

R. Elles consistent, 1° à ne tirer d'eau
chaude, que quand toute celle contenue
dans la chaudière est bouillante;

2° A retirer le feu au lieu de le ralentir;

3° Enfin, à n'ouvrir qu'à moitié le robinet venant du réservoir, pour que l'eau
froide, arrivant dans la chaudière, ne présente jamais que la moitié de la quantité
qui en sort.

51. D. Ces précautions paraissent exiger
bien de l'attention et présenter quelques
inconvéniens.

R. Oui, Monsieur, il faut un baigneur bien exercé et bien soigneux pour employer ce moyen. Il est plus avantageux, quand il y a beaucoup de bains à donner et quand la chaudière est grande ; mais, avec peu de malades et une chaudière insuffisante, il est plus simple et plus sûr de couvrir le feu.

52. D. Comment le couvre-t-on ?

R. Si l'on emploie du bois pour combustible, il faut le couvrir de cendres, avec la précaution convenable pour ne pas l'étouffer.

Si on use de la houille ou charbon de terre, il faut avoir toujours dans une caisse, du charbon menu, mêlé avec de la cendre et une petite quantité de terre argileuse, et ce mélange, détrempé d'eau, forme une espèce de mortier dont on recouvre le feu, quand il est bien ardent.

53. D. Ce mortier n'éteint-il pas le feu ?

R. Non, Monsieur ; quand le feu est bien allumé, et que ce mélange est bien fait, il forme sur le feu une croûte qui ralentit son ardeur, mais qui prolonge sa durée.

54. D. Est-ce dans ce cas seul qu'on emploie ce mélange ?

R. Non, Monsieur ; on l'emploie toujours pour ménager le combustible, **en en** garnissant habituellement le tour intérieur du foyer, pour diriger toujours le feu vers le centre, et l'on en couvre la presque totalité du feu, quand on n'a pas besoin d'un feu aussi actif.

55. D. Mais quand on veut raviver le feu, cette croûte ne gène-t-elle pas?

R. Non, Monsieur; il suffit de la fendre avec le fourgon, en soulevant la masse par une pression du bas en haut, en prenant un point d'appui sur la grille, et le feu reprend alors toute son activité, en sorte qu'on peut l'entretenir convenablement.

56. D. Comment se fait ce mélange?

R. On met dans une caisse trois parties de charbon menu, avec trois parties de cendres passées dans le panier à ce destiné, et on y ajoute une partie de terre argileuse, avec la quantité d'eau nécessaire pour en faire une pâte qui ait la consistance d'un mortier; quand ce mélange est bien gâché, on s'en sert au besoin, en le remuant chaque fois.

57. D. Comment se fait le feu de charbon de terre?

R. On place sur la grille du foyer une

petite quantité de bois sec, qu'on recouvre de petits morceaux de houille, en ajoutant successivement de plus gros morceaux, disposés de manière à laisser un peu d'air entr'eux, et on l'allume comme le feu de bois.

Pour activer ce feu quand il est allumé, on dégage avec la consigne tous les morceaux de houille ou charbon qui remplissent les intervalles des barreaux de la grille, et on ajoute du charbon autant de fois qu'il est nécessaire, en ayant soin de se servir à propos du mélange, pour garnir ensuite le feu, en partie ou en totalité.

58. D. Comment se délivrent les douches ? *Douches.*

R. On met dans le réservoir de la douche, l'eau nécessaire, et à la température prescrite ; on place ensuite le malade, ou sur un banc, ou sur un fauteuil, ou sur un brancard recouvert d'une toile cirée, et on lui donne la position convenable, selon la nature de son infirmité.

Le baigneur dirige alors sur lui le filet d'eau prescrit, avec toutes les précautions qui sont indiquées par M. l'Officier de santé en chef.

59. D. Comment se délivrent les pédi- *Bains de pieds.* luves, ou bains de pieds ?

R. Les pédiluves s'administrent dans des baquets, seaux ou vases de cuivre ou autre matière. On fait asseoir le malade sur un banc ; et on met, sous ses pieds, le vase contenant une quantité d'eau suffisante pour lui recouvrir les pieds jusqu'à la cheville.

60. D. Quelle doit être la chaleur de l'eau ?

R. Quand ce bain n'est que de propreté, par exemple, pour tous les entrans, il suffit que l'eau ne soit pas trop chaude pour y tenir la main ; mais quand ce bain de pieds est prescrit par M. l'Officier de santé, dans son traitement, on porte le bain à la température indiquée par lui.

61. D. Quelle est la durée ordinaire de ces bains ?

R. Quand ils ne sont que de propreté, il suffit que les pieds y aient séjourné assez long-temps pour être décrassés ; mais quand ils sont prescrits comme remèdes, il faut que leur durée soit indiquée, aussi bien que leur température.

62. D. Prescrits comme remèdes, sont-ils toujours d'eau pure ?

R. Non, Monsieur : on y ajoute quelquefois du sel, de la moutarde, ou autre substance, mais toujours exclusivement d'après la prescription qui en est faite, avec désignation de la quantité, comme de la chaleur et de la durée.

63. D. Mais quand ces bains ont lieu avec une saignée du pied, n'y a-t-il pas quelques précautions particulières à prendre?

R. Oui, Monsieur; mais, dans ce cas, M. le Chirurgien est toujours présent : cependant, si, appelé ailleurs, il était obligé de s'éloigner, il faudrait ajouter avec modération de l'eau chaude, pour maintenir la chaleur au degré convenable, et ne pas perdre le malade de vue, pour le soulager au cas qu'il lui survînt une syncope ou faiblesse.

64. D. Quelles sont les précautions à prendre avec tous les malades indistinctement?

R. Il faut toujours, 1° que le malade soit placé commodément; 2° si celui à qui l'on administre un bain est trop faible, au lieu d'un banc ou d'une chaise, on le place dans un fauteuil, ou, à défaut, on lui fait un appui avec son traversin, sa couverture ou même son matelas; 3° on doit lui couvrir non-seulement le corps, mais encore les jambes, et le bain même, pour éviter un refroidissement trop prompt, conserver toute la vapeur de l'eau et empêcher les courans d'air.



65. D. Comment s'administrent les bains de bras ?

R. Ils se donnent dans de petites baignoires faites exprès, et avec toutes les précautions convenables, mais souvent dans le lit même du malade, en mettant tout le soin possible pour ne pas y répandre d'eau. Si, cependant, le malade le préférait, on pourrait le placer sur un banc ou sur un fauteuil, en mettant le bain de bras sur une table ayant la hauteur convenable pour que le malade y soit sans aucune espèce de gêne. Si l'état du malade le permet, il peut être mieux de cette manière que dans son lit.



66. D. Qu'est-ce qu'un bain de siége ou de fauteuil ?

R. C'est un bain dans lequel le malade est plongé depuis la partie supérieure des reins jusqu'à la moitié des cuisses.

67. D. Y a-t-il quelques précautions particulières à prendre dans l'administration de ces bains ?

R. Oui, Monsieur ; ces bains sont ceux qui sont le plus susceptibles de fatiguer les malades, parce que la position à laquelle ils sont assujétis est très-gênante. Ils n'ôtent, pour y entrer, que leurs pantalons; mais il faut, 1° que leurs chemises et capotes soient relevées, de manière à ne pas pouvoir glisser dans le bain et s'y mouiller; 2° que leurs pieds soient soutenus de manière à ne pas faire peser les jambes sur le devant du siége; 3° enfin, qu'ils soient couverts convenablement.

---

# CHAPITRE XVIII.

### BLANCHISSAGE DU LINGE ET EFFETS.

1. D. Quels sont les effets d'hôpitaux, susceptibles de blanchissage?

R. Ce sont tous les objets en fil et en laine, qui composent une partie du mobilier des hôpitaux.

2. D. Comment s'opère ce blanchissage?

R. Il s'opère de plusieurs manières, selon la nature des objets.

3. D. Quelles sont ces différentes espéces de blanchissages?

R. Ce sont ceux qui ont lieu, 1° par la lessive, avec le savon; 2° par le savon, sans lessive chauffée fortement, et 3° par la terre glaise, sans lessive, mais quelquefois avec le savon.

4. D. Quels sont les objets que l'on blanchit par la lessive et le savon ?

R. Ce sont généralement tous les objets en toile, tels que les draps, chemises, etc.

5. D. Quels sont ceux qu'on blanchit avec le savon, sans lessive chauffée fortement ?

R. Ce sont presque tous les objets en laine, avec ou sans doublures, tels que les capotes, pantalons, bonnets, chaussettes, etc.

6. D. Quels sont ceux qu'on blanchit avec la terre glaise ?

R. Ce sont les couvertures en laine.

7. D. Comment se font les lessives ?

R. Elles se font de deux manières : l'une ancienne, l'autre nouvelle, c'est-à-dire, par la vapeur.

8. D. Qu'entendez-vous par la lessive ancienne ?

R. La lessive ancienne est celle pour laquelle, après avoir mis le linge dans un cuvier, on fait couler dessus la lessive, d'abord froide et ensuite chaude.

9. D. Quelle est la lessive par la vapeur ?

R. C'est celle dans laquelle on fait arriver la vapeur, au lieu du coulage ordinaire.

10. D. Comment se fait la lessive ordinaire ?

R. Elle se fait par trois opérations successives, qui consistent à échanger le linge, à l'entasser et à le couler.

11. D. Qu'appelez-vous échanger le linge?

R. J'appelle échangeage, l'opération par laquelle, avant de mettre le linge dans le cuvier, on le passe à l'eau, pièce par pièce, pour en enlever l'ordure la plus grossière, qui pourrait nuire à la qualité de la lessive.

12. D. Qu'est-ce qu'entasser le linge?

R. C'est le placer dans le cuvier à lessive, pièce par pièce, en commençant par le plus fin et le moins sale, qui se met au fond, en l'entassant, à mesure qu'on le place, toujours étendu le mieux possible ; on ajoute ainsi successivement le linge à lessiver, en passant du plus fin au plus grossier, tels que les tabliers et torchons, qui se trouvent ainsi à la partie supérieure du cuvier.

13. D. Cette manière d'entasser le linge est-elle la seule qu'on emploie ?

R. Non, Monsieur : dans le nord de la France, par exemple, où l'on se sert de savon gras qui est presque liquide, en entassant le linge, on passe un peu de ce savon sur les parties les plus mal-propres, et on le met ainsi dans le cuvier ; mais la première manière que j'ai indiquée est généralement la plus répandue.

14. D. Quand le linge est entassé dans le cuvier, que fait-on ?

R. On le recouvre d'un cendrier, sur lequel on met la quantité de cendres nécessaire.

15. D. Qu'est-ce qu'un cendrier ?

R. Un cendrier est une espèce de drap composé d'une grosse toile, et plus grand que le diamètre du cuvier, pour que les bords se relèvent de manière que jamais les cendres n'en puissent sortir et se mêler avec le linge.

16. D. Dans quelle proportion doivent être mises les cendres ?

R. Il est difficile d'indiquer la quantité de cendres à mettre sur chaque lessive, parce que les cendres, même les plus pures, peuvent varier de force, et c'est moins à la quantité de cendres qu'il faut faire attention, qu'à la force de la lessive qu'elles peuvent produire.

17. D. Comment pouvez-vous reconnaître la force d'une lessive ?

R. Elle peut se reconnaître de la même manière qu'on reconnaît la force de l'eau-de-vie ou du vin, avec un pèse-liqueur ou aéromètre.

18. D. Cet aéromètre est-il le même pour les lessives et pour le vin ?

( 177 )

R. Non, Monsieur : il est même très-différent par sa graduation ; car les degrés de force des vins ou des eaux-de-vie, se comptent du bas en haut, et ceux des lessives ou alcalis, se comptent du haut en bas.

19. D. Expliquez-moi cette différence ?

R. La force du vin ou des esprits ajoutant à leur légèreté, plus la liqueur est forte, et plus la boule de l'aéromètre s'y enfonce ; tandis que dans les lessives ou alcalis, plus la liqueur est forte, plus elle est pesante : alors son poids fait remonter le pèse-liqueur en proportion de sa force, et les degrés augmentent à mesure qu'il remonte.

20. D. Quelle doit donc être la force d'une bonne lessive, en comptant les degrés de l'aéromètre ?

R. Elle peut varier de deux à quatre degrés, suivant la qualité du linge et sa malpropreté ; mais elle ne doit jamais excéder quatre, ni être au-dessous de deux.

21. D. Comment peut-on reconnaître la force d'une lessive faite avec des cendres ?

R. C'est en mettant une certaine quantité de cendres dans une quantité d'eau égale à trois fois son volume, par exemple, un litre de cendres dans trois litres d'eau, et

les y laissant dissoudre pendant cinq à six
heures, en les remuant de temps à autre.

22. D. Mais il est fort gênant d'avoir toujours besoin d'un aéromètre; d'ailleurs, on
ne peut s'en procurer partout : n'y a-t-il
pas quelques moyens de juger, sans cela,
la force d'une lessive?

R. Oui, Monsieur; avec un peu d'ex-
périence on peut s'en passer; il suffit de
tremper les doigts dans la lessive : si elle
est onctueuse et douce au toucher, elle doit
être assez forte; et si, en en mettant une
goutte sur la langue, elle n'y excite qu'un
picotement léger, sans la brûler, on peut
croire qu'elle n'est pas trop forte.

23. D. A défaut de cendres, comment
peut-on se procurer de la lessive?

R. C'est au moyen de soude et de potasse; mais comme ces substances peuvent
présenter une très-grande force sur un petit
volume, il faut, en les employant, prendre
la précaution ci-dessus indiquée, afin de
ne pas avoir de lessive trop forte, qui pourrait nuire au linge et ronger la peau des
mains des laveuses.

24. D. Supposons, maintenant, que le
cendrier est placé, et que nous avons de
bonnes cendres; que fait-on quand le linge
est convenablement entassé?

R. On couvre le cendrier d'une couche de cendres d'environ deux doigts d'épaisseur ; on étend ensuite le cendrier ou quelque gros linge par-dessus, et l'on y verse de l'eau froide, si elle provient de la pluie, d'une rivière ou d'un étang ; mais si c'est une eau de puits ou de fontaine, il faut la faire tiédir. On doit avoir l'attention de la répandre sur toute la surface du cuvier, pour qu'elle puisse imbiber la totalité du linge qui y est entassé.

25. D. Quelle est la quantité d'eau suffisante ?

R. Toute celle qui est nécessaire pour que, le robinet du cuvier étant fermé, le dessus du cendrier en soit couvert.

26. D. Comment appelle-t-on l'opération qui consiste à verser l'eau froide ou tiède sur le cuvier ?

R. On l'appelle coulage à froid.

27. D. En quoi consiste-t-elle ?

R. Elle consiste à verser sur toute la surface du cuvier, de l'eau qui, après avoir traversé les cendres et le linge, tombe dans un baquet placé sous le robinet.

28. D. Combien d'heures cette opération doit-elle durer ?

R. Elle doit durer cinq à six heures, au moins.

29. **D.** Quel effet produit-elle ?

**R.** L'effet qu'elle produit est de dissoudre l'alcali qui se trouve renfermé dans les cendres, et de le distribuer sur toutes les parties du linge placé dans le cuvier.

3o. **D.** Qu'appelez-vous alcali ?

**R.** L'alcali est un sel qui a la propriété de se combiner avec les corps gras, et de former, avec eux, une espèce de savon.

31. **D.** Quand on a coulé à froid, que faut-il faire ?

**R.** Il faut alors couler à chaud, et, pour cela, on fait chauffer dans une chaudière toute l'eau qui découle du cuvier, et qui se recueille dans le baquet placé au-dessous, et, à mesure qu'elle chauffe, on la répand sur le cuvier de la même manière que dans le coulage à froid.

32. **D.** Pourquoi dites-vous que c'est à mesure qu'elle chauffe, qu'on la répand sur le cuvier, dans le coulage à chaud ?

**R.** C'est parce qu'il faut que la chaleur de la lessive augmente graduellement ; car si on la jetait de suite trop chaude, la lessive serait manquée, et le linge ne se décrasserait pas.

33. **D.** Combien doit durer le coulage à chaud ?

R. Il ne doit pas durer moins de douze heures, et, pour que ce temps suffise, il faut que l'eau ait été fortement chauffée; car il est nécessaire que toute la masse de linge soit bien échauffée, avant de cesser le coulage.

34. D. Quand le coulage est terminé, que doit-on faire?

R. On doit recouvrir le cuvier avec des toiles grossières, telles que des paillasses, des bâches, ou autres objets de cette nature, afin d'empêcher la chaleur de se perdre, jusqu'à ce qu'on retire le linge pour le laver.

35. D. Vous avez bien indiqué qu'on pouvait se servir de cendres pour la lessive; mais quand on n'en peut trouver, comment y supplée-t-on?

R. Lorsque l'on n'a pas de bonnes cendres, ou qu'on n'en a pas assez, on se sert de soude ou de potasse, qu'on fait dissoudre ou fondre dans l'eau, et quand on s'est assuré que la lessive a la force convenable, et qu'elle n'est pas trop forte, on la répand sur le cuvier.

36. D. Vous avez soin, en parlant de cendres, d'appuyer sur le mot *bonnes*; y en a-t-il qui puissent nuire au blanchîment du linge?

R. Oui, Monsieur ; quand les cendres sont mêlées de terre ou autre substance minérale, au lieu de contribuer à blanchir le linge, elles peuvent le salir ou le tacher davantage.

37. D. Parmi les substances minérales, n'y en a-t-il pas une qui contrarie plus particulièrement les lessives, dans les hôpitaux ?

R. Oui, Monsieur ; c'est le mercure. Il est de la plus grande importance de mettre à part, avant la lessive, tout le linge qui se trouve imprégné d'emplâtre ou d'onguent mercuriel, et de ne pas le mêler avec l'autre, parce que, non-seulement il gâterait la lessive, mais tout le linge avec lequel il serait en contact dans le cuvier.

38. D. Il n'est donc pas possible de lessiver le linge qui a servi aux vénériens, avec celui des fiévreux et blessés ?

R. Non, Monsieur ; il faut qu'il en soit séparé soigneusement, afin d'être lessivé à part, ainsi que le linge qui a servi aux galeux.

39. D. Y a-t-il des précautions particulières à prendre pour le lessivage du linge de vénériens et galeux ?

R. Oui, Monsieur ; il faut, pour lessiver cette dernière espèce de linge, employer une lessive aussi forte que pour le linge le plus sale, tel que tabliers et torchons. Il est nécessaire de la chauffer au plus haut degré et de le laver dans l'eau chaude.

40. D. Pourquoi ce lavage à l'eau chaude est-il nécessaire ?

R. Le linge de vénériens et galeux est imprégné de graisse ; la chaleur obtenue dans le cuvier est propre à l'enlever ; mais si on la détruit par l'immersion dans l'eau froide, alors ce corps gras se figera, et il sera très-difficile et même impossible de l'enlever : il faut donc éviter ce refroidissement, pour le succès du dégraissage.

41. D. Y a-t-il une grande différence entre la lessive ancienne et la lessive nouvelle, dite à la vapeur ?

R. Oui, Monsieur ; il y a une grande différence, tant dans l'appareil que dans les procédés.

42. D. Quelle est d'abord la différence qui existe entre les deux appareils ?

R. Pour la lessive ancienne, il ne faut qu'un ou plusieurs cuviers ordinaires, avec une chaudière ; mais pour la lessive par la vapeur, il faut, outre un cuvier ou des cuves ordinaires, un cuvier placé sur la chaudière, ou recevant, par son extrémité inférieure, la vapeur qui y est amenée de la chaudière par un tuyau disposé à cet effet.

43. D. Quelle est la différence dans les procédés ?

R. Pour la lessive à la vapeur, l'échangeage est inutile ; on se contente de mouiller le linge avec une lessive qui peut varier de force suivant la grossièreté ou la mal-propreté de ce même linge, et après qu'il a été trempé pendant vingt-quatre heures, on y introduit la vapeur, qui, par son action, remplace les coulages à froid et à chaud usités dans l'ancienne lessive.

44. D. Pouvez-vous m'expliquer ces opérations plus en détail ?

R. Oui, Monsieur ; et pour le faire avec ordre, je commencerai par indiquer d'abord la macération du linge, son arrangement dans le cuvier à vapeur, et la distribution de la vapeur.

45. D. Qu'entendez-vous par la macération du linge ?

R. J'entends par là l'imbibition du linge, par la lessive, qui est une dissolution de cendres, de soude ou de potasse.

46. D. Vous avez dit que la lessive doit varier de force, suivant la nature ou la

mal-propreté du linge : comment opérez-vous pour cela ?

R. Si c'est avec des cendres que j'opère, je commence par les faire bouillir dans trois fois leur volume d'eau, et après qu'elles ont bouilli pendant une heure, je les retire du feu et je sépare les cendres de l'eau qui s'est chargée de l'alcali qu'elles contenaient.

Pour m'assurer qu'elles n'en contiennent plus, je verse ensuite de nouvelle eau sur les cendres, et après les avoir remuées et laissé déposer, j'en mets une goutte sur la langue, et si l'eau est sans saveur, je cesse l'opération. Si j'y reconnais encore quelque saveur, alors je fais bouillir une seconde fois, et je mets en réserve cette seconde eau.

47. D. Que faites-vous de ces deux eaux ?

R. Je m'assure de la qualité ou du degré de force de la première eau, et si elle m'offre quatre degrés à l'aéromètre, ou si elle est bien grasse et piquante sur la langue, sans être caustique, je m'en sers pour la macération. Si elle est caustique, j'y ajoute la seconde, qui en diminue la force.

48. D. Si vous n'avez pas de cendres ou si vos cendres sont trop faibles, comment faites-vous ?

R. Dans l'un et l'autre cas, je me sers de potasse ou de soude, soit pour ajouter à la force de la lessive préparée avec des cendres, soit pour en tenir lieu.

49. D. Cherchez-vous à obtenir la même force de quatre degrés ?

R. Oui, Monsieur.

50. D. Comment faites-vous dissoudre la potasse ou la soude ?

R. Si j'emploie des soudes ou potasses faciles à fondre, je les mets dissoudre dans l'eau froide ou tiède ; mais si j'emploie de la potasse en pierres dures, comme celle d'Amérique, je la casse en petits morceaux dans un mortier, autant que possible, tant pour n'en pas perdre que pour éviter que les fragmens me sautent dans les yeux, et si je ne puis la briser, faute de moyens, je la fais dissoudre dans l'eau bouillante, en me servant de vases en fonte de fer.

51. D. Supposons que vous ayez votre lessive préparée à la force de quatre degrés, comment procédez-vous à la macération ?

R. Je prends d'abord le linge le plus fin et le moins sale ; je l'étends dans le fond d'un cuvier ou d'une cuve, de l'épaisseur d'un pouce environ, et je l'arrose avec la lessive de quatre degrés ; je le foule ensuite avec les pieds chaussés de sabots bien propres, et quand la première couche de linge est foulée ainsi, j'en place une autre de la même manière, avec la précaution de bien imbiber tout le linge de lessive, mais de n'en mettre jamais au-delà de ce qui est nécessaire.

Après avoir mouillé tout le linge le plus fin et le moins sale, je prends la quantité au-dessous, au second degré de finesse, et j'ajoute à ma lessive un tiers d'eau, pour la réduire à trois degrés de force ; je m'en sers de la même manière que pour la première espèce de linge, et je passe successivement ainsi au linge le plus sale et le plus grossier, que je mouille avec la lessive de quatre degrés de force.

52. D. Quand votre linge est ainsi imbibé et entassé, combien le laissez-vous de temps, sans y toucher ?

R. Je le laisse ainsi macérer, pendant vingt ou vingt-quatre heures.

53. D. Quelles sont les conditions nécessaires pour que cette opération soit bien faite ?

R. Il faut que le linge soit bien imbibé, bien serré, et qu'il n'y soit employé que la quantité d'eau nécessaire pour une complète imbibition, de manière qu'il ne reste pas de lessive au fond de la cuve, quand on en a retiré le linge.

54. D. Que faites-vous après que la macération est terminée?

R. Je m'occupe de placer le linge dans le cuvier où il doit recevoir la vapeur.

55. D. Comment est disposé ce cuvier?

R. Ce cuvier doit, 1° avoir un fond mobile, indépendamment du fond fixe, s'il n'est pas placé sur la chaudière ou sur une plate-forme; 2° être garni dans toute sa circonférence intérieure de tasseaux de trois centimètres environ, espacés l'un de l'autre de 10 à 12 centimètres.

56. D. Comment s'appelle le fond mobile?

R. Il se nomme disque.

57. D. A quelle hauteur doit-il être placé au-dessus du fond fixe ou de la plate-forme?

R. Il doit être placé à trois ou quatre pouces au-dessus.

58. D. Ce disque doit-il remplir la totalité de la circonférence du cuvier?

R. Non, Monsieur; il ne doit remplir que l'intervalle entre les tasseaux qui en garnissent la circonférence.

59. D. A quoi servent ces tasseaux?

R. Ils servent à former des angles ren-
trans, qui, ne pouvant pas être remplis par
le linge, sont autant de cheminées ou conduits par lesquels la vapeur pénètre dans
toute la capacité du cuvier.

60. D. Ces petits conduits suffisent-ils
pour que toute la masse de linge puisse
être pénétrée par la vapeur ?

R. Ils ne suffisent pas pour que la vapeur
puisse pénétrer promptement partout; mais
on y supplée par une ou plusieurs cheminées pratiquées dans le centre.

61. D. Comment pratique-t-on ces
cheminées ?

R. On les établit facilement en perçant
le disque de trous ronds dans lesquels on
place des colonnes creuses, un peu coniques
par le bas, pour faciliter des vides quand
elles sont retirées.

62. D. Comment s'arrange le linge dans
ce cuvier, ainsi disposé ?

R. Il s'y place, pièce par pièce, à plat,
le plus étendu qu'il est possible, et, en le
retirant successivement de la cuve où il a
macéré, le plus grossier se trouve au fond,
et le plus fin au-dessus.

63. D. En plaçant ainsi le linge, le
foule-t-on ?

R. Non, Monsieur, il est assez foulé par la pression de son propre poids.

64. D. Quand le linge est ainsi placé dans le cuvier, peut-on commencer le feu?

R. Oui, Monsieur, parce que la vapeur ne se dégageant d'abord que lentement, avant que la chaudière soit bien échauffée, on a encore le temps de couvrir le cuvier.

65. D. Faut-il que le cuvier soit bien couvert?

R. Oui, Monsieur; il faut qu'il soit couvert assez hermétiquement, pour que la vapeur ne puisse s'échapper par le haut.

66. D. Comment peut-on y réussir?

R. On y réussit aisément en garnissant le haut du cuvier d'une toile mouillée, sur laquelle repose le couvercle, et en serrant le couvercle sur le cuvier, soit en le chargeant de poids ou de pierres, soit en y plaçant des étais appuyés sur le plancher supérieur.

67. D. Pendant combien de temps faut-il entretenir la vapeur dans le cuvier?

R. Il faut que la vapeur y soit alimentée, jusqu'à ce que dans toute l'étendue du cuvier, elle soit arrivée à 80 degrés de chaleur.

68. D. Comment peut-on s'assurer que la vapeur est arrivée à ce degré?

**R.** C'est en introduisant un thermomètre de bain, dans un trou ménagé dans une douve du cuvier, ou par un moyen beaucoup plus simple et plus facile.

69. **D.** Quel est ce moyen?

**R.** C'est d'appliquer les mains sur les cercles en fer qui entourent le cuvier. Quand ils ont acquis assez de chaleur pour qu'on ne puisse plus y laisser la main, sans la brûler, on a la certitude que la chaleur intérieure est de 80 degrés.

70. **D.** Combien faut-il ordinairement de temps pour arriver à ce degré de chaleur?

**R.** Quand l'appareil est bien disposé et le feu bien soutenu, il suffit ordinairement de cinq ou six heures au plus.

71. Que doit-on faire alors?

**R.** On peut alors cesser le feu, et attendre le moment du lavage.

72. **D.** En comparant les appareils et les procédés de ces deux espèces de lessives, n'est-il pas évident que la lessive par la vapeur est plus compliquée et plus longue que celle ancienne?

**R.** Je conviens que l'appareil pour la lessive par la vapeur est moins simple; mais le travail, quoiqu'un peu plus compliqué, est plus prompt, plus facile et plus sûr, dans cette lessive, que dans l'ancienne.

73. D. Comment serait-il plus prompt, puisqu'il y a deux lessivages au lieu d'un?

R. Il est plus prompt, en ce que l'on gagne d'abord l'échangeage, qui prend autant de temps à lui seul, que l'ensemble de toutes les opérations de la lessive à la vapeur.

Il est même plus prompt, sans parler de l'échangeage, car après le double encuvage, il n'y a plus qu'à faire du feu sous la chaudière, pendant six heures au plus; tandis que, dans la lessive ancienne, il faut couler à chaud pendant douze heures au moins, après avoir coulé à froid pendant six heures.

74. D. Je conviens que, sous ce point de vue, le travail est plus prompt; mais comment est-il plus facile?

R. Il est plus facile, en ce que la fatigue est presque nulle dans les procédés de la lessive par la vapeur, en comparaison avec celle du double coulage de l'ancienne lessive. Ce versement, pendant dix-huit heures, de la lessive froide, puis chaude, sur un cuvier élevé d'au moins un mètre et presque toujours un mètre et tiers, au-dessus du sol, est une opération qui ne peut se comparer à la simple action de faire commodément du feu, pendant six heures, sans aucun danger de se brûler, accident très-commun avec les procédés anciens.

75. D. Je conviens, avec vous, qu'il y a plus de promptitude et moins de fatigue: comment cette lessive est-elle plus sûre?

R. Il est peu de blanchisseurs ou de ménagères qui n'aient été exposés à avoir des lessives manquées, soit qu'elles aient été mal chauffées, mal coulées, ou qu'elles aient tourné, suivant l'expression commune, et rien de semblable n'est à craindre avec la lessive nouvelle.

76. D. Pour achever de prouver toute la préférence que mérite la nouvelle lessive, il faudrait démontrer qu'elle n'est pas plus chère, et qu'elle procure un meilleur blanchissage : pouvez-vous le faire?

R. C'est une chose facile sous les deux rapports.

77. D. Comment peut-elle être plus économique?

R. En ce qu'elle exige moins de frais et fatigue moins le linge.

78. D. Pourquoi exige-t-elle moins de frais?

R. Cela est facile à établir : 1° l'opération étant plus courte, les frais de main-d'œuvre sont moindres ;

2° Le combustible nécessaire pour un coulage de six heures est bien moindre que pour un coulage de douze heures ;

3° Enfin, dans une lessive ancienne, il faut un degré de force égal pour toute espèce de linge, et dans la nouvelle, on diminue la force pour le linge le moins sale.

79. D. En quoi cette lessive fatigue-t-elle moins le linge ?

R. 1° Parce que le coulage étant plus complet et plus chaud, le lavage en devient plus facile, et le frottement ou le battage moins nécessaire ;

2° Parce que le linge le plus fin étant attaqué par un alcali aussi puissant que celui nécessaire pour le linge le plus gros et le plus sale, il en souffre beaucoup, puisque son tissu, plus délicat, ne peut lui offrir la même résistance.

80. D. Mais il y a des personnes qui prétendent que cette lessive brûle le linge : êtes-vous sûr que cela ne soit pas ?

R. Oui, Monsieur ; le principal agent de cette lessive est la vapeur de l'eau bouillante, et tout le monde sait que cette vapeur, à quatre-vingts degrés, ne peut faire aucun tort au linge, puisque, pour laver le linge très-fin, on le fait bouillir avec le savon, sans qu'on ait jamais dit que son tissu en ait été altéré.

81. D. Le lavage du linge ainsi lessivé, est-il différent de celui lessivé par l'ancien procédé ?

R. Non, Monsieur; il n'y a d'autre différence que dans la facilité qu'il présente d'être lavé avec moins de frottement, parce que le linge qui a été chauffé davantage se décrasse avec moins d'efforts, l'action de la lessive ayant été plus complète.

82. D. Quelle est donc l'action produite par la lessive ?

R. Je l'ai déjà indiquée en parlant de l'alcali : cette substance ayant la propriété de se combiner avec les corps gras et de former, avec eux, une espèce de savon, plus on obtient de chaleur dans la lessive, plus ce savon, perfectionné par la chaleur, produit d'effet sur le linge.

83. D. Comment lave-t-on le linge ?

R. On le trempe dans une eau aussi abondante qu'il est possible, en le frottant entre les mains, ou le frappant avec le plat d'un battoir en bois.

84. **D.** Ne faut-il pas employer le savon dans le lavage ?

R. Quand le linge est bien lessivé, et qu'il n'a pas été trop sali, le savon n'est pas nécessaire; mais quand il y a quelques taches qui résistent aux premiers efforts du laveur, on frotte les taches avec un peu de savon, et on recommence à frotter ou à battre cette partie, jusqu'à ce qu'elle soit entièrement nette.

85. **D.** Comment, dans le lavage, peut-on reconnaître toutes les taches d'une grande pièce de linge, d'un drap, par exemple, qui offre tant de plis dans lesquels elles peuvent échapper à l'œil?

R. Pour bien laver chaque pièce de linge, il faut qu'elle soit successivement étendue, sur chaque côté, par le laveur, qui a soin de la retourner quand elle est double, comme le sont les chemises, et qui, en passant toutes les parties sous ses yeux, l'une après l'autre, soit sur la longueur, soit sur la largeur, ne peut se dispenser de les voir, pour peu qu'il y mette de l'attention.

86. **D.** Quand le linge a été lavé, a-t-il encore quelqu'opération à subir?

R. Après qu'on l'a lavé, et qu'on en a exprimé l'eau de lavage, il doit être rincé, tordu et étendu.

87. D. Comment rince-t-on le linge?

R. C'est en le trempant dans une eau claire, courante, autant que possible, et dans laquelle on le passe, à plusieurs reprises, jusqu'à ce que celle qu'on en exprime soit tout-à-fait limpide.

88. D. Pourquoi le tord-on ensuite?

R. Pour qu'en lui ôtant la plus grande quantité possible de l'eau qu'il contient, il soit beaucoup plutôt sec.

89. D. Comment l'étend-on?

R. On l'étend, ou sur le gazon, ou sur des cordes, ou sur des perches, suivant la facilité qu'on en trouve.

90. D. Y a-t-il quelques précautions à prendre en l'étendant?

R. Oui, Monsieur : l'on doit s'assurer de la propreté des lieux où on l'étend, ou des cordes et perches sur lesquelles on le place : les perches doivent être assez unies pour ne pouvoir le déchirer, et si on le place sur des cordes, il faut l'y fixer avec des morceaux de bois fendu, ou épingles de blanchisseurs, pour empêcher le vent de le faire tomber, ce qui le salirait en pure perte.

91. D. Comment se lavent les objets en laine, tels que les capotes, pantalons, vestes en drap, les bonnets et les chaussettes en laine?

R. Ils se lavent avec le savon, sans lessive fortement chauffée, et toujours à froid, ou, au moins, sans que l'eau qu'on y emploie soit plus chaude que celle d'un bain.

92. D. De quelle manière se fait ce lavage ?

R. On visite, pièce par pièce, tous les objets de cette nature, et on frotte de savon gras, ou autre, toutes les taches qu'on y découvre ; on les place ensuite dans une cuve ou un cuvier, dans lequel on les étend à plat ; on les mouille ensuite avec une quantité d'eau suffisante pour les bien imbiber, et on les entasse avec les pieds. On les laisse, après cela, vingt-quatre ou trente-six heures, sans y toucher.

93. D. Ce que vous indiquez ici, ressemble à la macération qui précède le lessivage par la vapeur.

R. Oui, Monsieur ; la seule différence est, qu'au lieu de lessive, je n'emploie que du savon.

94. D. Ne pourriez-vous pas employer aussi la lessive, ou une dissolution alcaline ?

R. Oui, Monsieur ; mais il faudrait, pour cela, que les objets en drap, soumis au lavage, n'eussent ni boutons métalliques, ni paremens, collets, passe-poils ou autres gar-

nitures en couleur, susceptibles d'être alté-
rées par l'alcali.

95. D. Ne conviendrait-il pas de séparer les
objets qui ne pourraient supporter l'usage
de l'alcali, afin d'en faire deux lavages ?

R. Oui, Monsieur; si les objets en laine
sont en assez grande quantité pour établir
cette distinction, il est plus avantageux de
la faire; l'action de l'alcali étant plus puis-
sante que celle du savon, le lavage en sera
plus facile et meilleur.

96. D. Quelle est la force de la lessive
à employer avec les objets en laine ?

R. Elle ne doit pas excéder trois degrés.

97. D. Après qu'on a laissé macérer les
objets ainsi préparés, pendant vingt-quatre
ou trente-six heures, comment les lave-t-on ?

R. Après cette macération, on reprend
chaque pièce, l'une après l'autre, et on la
plonge dans l'eau pour la laver; on la
frotte ou on la bat légèrement, pour la
dégraisser, et toutes celles que l'on reconnaît dégagées de leurs taches et de leur crasse,
sont tordues et mises dans la cuve à rincer.

Celles sur lesquelles on reconnaît encore
quelques taches, sont de nouveau frottées
avec du savon et replongées dans une autre
cuve, avec un peu d'eau, pour y rester

jusqu'au lendemain, afin d'achever alors de les laver complètement.

98. D. Comment les rince-t-on ensuite?

R. C'est en les plongeant et les agitant dans une eau pure, qui sert à enlever toutes les ordures et tout le savon qui peuvent y rester. Cette eau doit être renouvelée jusqu'à ce qu'elle reste bien limpide.

99. D. Faut-il retourner toutes les pièces doubles, telles que manches de capotes, pantalons, bonnets, chaussettes?

R. Oui, Monsieur; il faut que toutes ces pièces soient retournées au moins une fois dans chaque opération; c'est-à-dire, quand on les macère, lave ou rince, afin que l'intérieur soit aussi propre que l'extérieur.

La même chose a lieu pendant le séchage.

100. D. Comment se fait le lavage des couvertures?

R. Il se fait avec la terre glaise délayée à la consistance d'une bouillie fort claire; on étend ensuite, le mieux possible, les couvertures dans des cuviers, cuves, ou même des fosses creusées en terre, et on les arrose avec cette eau glaiseuse, de manière à les imbiber complètement, ainsi qu'il est indiqué pour les autres espèces de macéra-tion, celle-ci exigeant les mêmes soins et le même temps.

On suit la même méthode que pour les objets en drap, avec cette différence, que les couvertures exigeant une plus grande quantité d'eau, il faut, autant que possible, que le lavage s'opère dans une eau courante.

101. D. Si la première macération ne suffit pas, faut-il la recommencer?

R. Si les taches résistent au premier lavage, dans lequel il faut éviter, autant que possible, l'action du battoir, on doit employer un peu de savon, avec de l'eau tiède ou peu chaude, et si les taches sont trop rebelles, on fait usage du fiel de bœuf, à la force duquel peu de taches résistent.

Après que toutes les taches sont enlevées, il faut rincer les couvertures, de manière à en enlever toute la terre, et les bien tordre avant de les étendre.

102. D. Suffit-il de les rincer pour en ôter toute la terre?

R. Quand elles sont sèches, on les bat avec des baguettes, pour en enlever toute la glaise qui a pu rester dans le tissu.

103. D. Ne doit-on pas les carder après les avoir battues?

R. Si on peut se procurer des chardons de bonnetier, on fera très-bien de carder les couvertures; mais il ne faut pas se servir de cardes métalliques, dont l'emploi exige une main bien exercée.

104. R. Convient-il de les souffrer après ce lavage?

R. Si les couvertures sont destinées à rester quelque temps en magasin avant de servir, le passage au soufre, en ajoutant à leur blancheur, contribuera à leur bonne conservation; mais il est nécessaire de les exposer ensuite à l'air, pour en faire évaporer l'odeur, avant de les mettre en service, pour qu'elle ne puisse être désagréable aux malades.

105. D. Comment se fait cette opération?

R. Après avoir étendu les couvertures sur des cordes, dans un endroit bien clos, on y place, sur un réchaud allumé, une capsule ou vase en fonte, dans lequel on met du soufre en poudre.

On a soin de bien fermer toute issue, pour y concentrer la vapeur du soufre.

**FIN.**

# TABLE DES CHAPITRES.

www.ingramcontent.com/pod-product-compliance
Ingram Content Group UK Ltd.
Pitfield, Milton Keynes, MK11 3LW, UK
UKHW020245180726
13839UKWH00001B/177

9 782329 608846